Thomas Spitzer

Goethe, Schiller, Chinakohl

Als Humorbotschafter im Land des Lächelns

BASTEI
LÜBBE
TASCHENBUCH

BASTEI LÜBBE TASCHENBUCH
Band 60911

Dieser Titel ist auch als E-Book erschienen.

Originalausgabe

Copyright © 2016 by Bastei Lübbe AG, Köln
Textredaktion: Stefan Lutterbüse
Titelillustration: © ZERO Werbeagentur, München
Titelfoto: © Alexander Urban
Umschlaggestaltung: ZERO Werbeagentur, München
Satz: hanseatenSatz-bremen, Bremen
Gesetzt aus der Adobe Caslon Pro
Druck und Verarbeitung: CPI books GmbH, Leck – Germany
Printed in Germany
ISBN 978-3-404-60911-6

2   4   5   3   1

Sie finden uns im Internet unter
www.luebbe.de
Bitte beachten Sie auch: www.lesejury.de

»Wenn meine Furcht nicht so groß wäre, so würde ich mich damit trösten, dass es nicht unmöglich ist, alles anders zu sehen und doch zu leben.«

– Rainer Maria Rilke

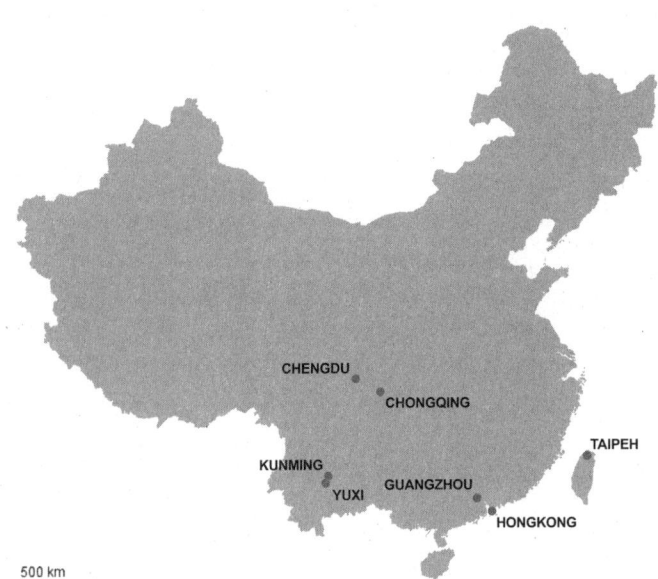

500 km

Inhalt

Alle Geschehnisse in diesem Buch sind rein fiktiv.
Oder wirklich so passiert.

Guru

Also am Flughafen Taipeh sahen auf einen Schlag alle Menschen asiatisch aus. Es war, als hätte man eine große Tube Soße über meinem Sichtfenster ausgekippt. Es gab keine Buchstaben mehr, überall steckten Schriftzeichen, die fett waren wie ein Kind, dem man zu oft Schokolade schenkt. Fehlte eigentlich nur noch, dass als Willkommensschild in der Gepäckausgabe stand: *Hello, Kitty!* Ich fühlte mich, als hätte jemand vor meinen Augen diesen irren Trick gemacht, in dem das Tischtuch so schnell unter dem gedeckten Tisch weggezogen wird, dass alles noch an Ort und Stelle stehen bleibt: Alles war genau wie Europa. Nur ohne den Westen. Und die Westler. Und die westlichen Sprachen.

Beim Vorbeigehen an einer verspiegelten Metallwand prüfte ich mein Erscheinungsbild. Waren das Geheimratsecken? Nach der fast zwanzigstündigen Reise war mein Gesicht ein Zerrspiegel seiner selbst. Ein Nichtgesicht. Abgetragen und ausgeleiert durch den zehnstündigen Flug von Amsterdam, der so strapaziös war, dass ich auch mit dem Fahrrad hätte kommen können. Dazu kam eine schier unerträgliche Hitze. Und ein beißender Geruch.

Es roch nach Instantnudeln, Jodoform, Angst. Wie bei uns damals in den Fluren des Studentenwohnheims, wenn der einzige Asiate groß aufkochte.

Im Bereich der Gepäckausgabe standen lauter freundlich lächelnde, asiatisch aussehende Menschen, die jemanden abholen wollten. Ich lief vorbei an einem Schilderwald von in die Höhe gestreckten Namen. Hoffentlich hatten sie meinen nicht in chinesischen Schriftzeichen geschrieben, dachte ich. Erst jetzt fiel mir auf, wie wenig ich über die Organisation dieser Reise wusste. Ich pupste nervös – ein letzter Gruß aus der Airline-Küche –, sah aber im gleichen Moment ein Schild, auf dem mein Name stand. Alles war gut.

»Hallo«, sagte die zu dem Schild gehörende europäische junge Frau, »mein Name ist Hedwig. Ich bin deine Ansprechpartnerin.« Und ich dachte – ganz ohne Ironie: Na wunderbar! Ein Hoch auf das Goethe-Institut! »Jetzt fahren wir dich erst mal zum Hotel«, erklärte sie, und ein kleiner Asiate befreite mich lächelnd von meiner Last.

»Willst du irgendwas über Taiwan wissen?«, fragte sie während der vierzigminütigen Fahrt über die Schnellstraße. Hedwig saß rechts vorne, der kleine Asiate am Steuer. Er hatte sich als *Lazer* vorgestellt, und so komisch dieser Name war, er passte ganz vorzüglich: *Lazer* drückte ganz schön auf die Tube. Er war kaum größer als Tyrion Lannister. Hätte er meine Nippel lecken wollen, er hätte sich auf die Zehenspitzen stellen müssen. In seinen winzigen Patschhändchen wirkte das Lenkrad wie das Steuerrad eines großen Piratenschiffs. Fehlten nur noch die strahlenförmigen Holzzitzen.

»Wenn Sie mich so fragen«, sagte ich mit Blick auf die graubraunen Häusermonster, die sich vor uns auftürmten, »ich fühle mich, als wüsste ich gar nichts. Ein bisschen wie Jim Knopf oder so. Wie groß ist Taipeh? Wie groß ist Taiwan? Wie ist der Bildungsstandard? Was ist überhaupt ein Bildungsstandard? Wie ist die Mentalität? Gibt es Unterschiede zu China? Was für eine Sprache spricht man? Gibt es irgendwelche *No-Gos*? Und wie ist so – ganz grob – die Geschichte?«

Als hauptberuflicher Bühnenautor war ich viel unterwegs. In

manchen Monaten hatte ich zwanzig Auftritte. Da war ich es gewohnt, mich erst auf der Fahrt über den Zielort zu erkundigen. Im Falle Ostasiens, dachte ich jetzt, hätte ich das vielleicht vorher machen sollen. Ich wusste nicht mal, was *Danke* hieß.

Aber Hedwig war zum Glück genau so, wie man sich eine Kulturreferentin, die Hedwig hieß, vorstellte. Tatsächlich ähnelte sie sogar ein bisschen der Eule in *Harry Potter*. Fehlte nur noch, dass sie hin und wieder »*Guru! Guru!*« krächzte und mit ihrer Kleidung flatterte.

»Taipeh«, sagte sie, »hat circa zweieinhalb Millionen Einwohner. Für chinesische Verhältnisse klingt das nach wenig. Aber da Taiwan nur 25 Millionen Einwohner hat, ist das ziemlich viel. Generell ist die Insel sehr dicht bevölkert. Du musst dir vorstellen: Belgien ist ähnlich groß wie Taiwan, hat aber nur elf Millionen Einwohner. Und schon Belgien ist ziemlich dicht bevölkert. Tatsächlich ist Taiwan eines der am dichtesten bevölkerten Länder der Welt, was umso erstaunlicher ist, wenn man bedenkt, dass ein Großteil der Bevölkerung im flachen Westen des Landes wohnt. Und dass es hier viele Erdbeben gibt.«

»Das heißt, der eine Teil des Landes ist praktisch wie eine Stadt«, sagte ich.

»Genau«, sagte sie.

»Was ist im Osten?«, fragte ich.

»Dschungel«, sagte sie.

»Dschungel?«, fragte ich.

»Dschungel«, sagte sie. »Dichter, gefährlicher Dschungel.«

Gut, dachte ich. Jetzt weiß ich das auch. Und wenn mir jemals jemand eine Pistole an den Kopf hält und sagt: »Sag mir, wie dicht Taiwan bevölkert ist, oder ich jage dir eine Kugel in deinen verfluchten Schädel«, kann ich antworten: »Äußerst dicht.«

»Der Bildungsstandard ist hoch«, fuhr Hedwig fort. »Das durchschnittliche Pro-Kopf-Einkommen liegt sogar knapp über

13

dem in Deutschland. Generell sind die Taiwanesen etwas kultivierter und höflicher als die Chinesen. Die Gesellschaft ist sehr fortschrittlich.«

Mein Blick streifte eine Broschüre vor mir in der Sitztasche, auf der stand: *Taiwan – Heart of Asia*. Die Insel sah aus wie das Profil von jemandem mit einem sehr spitzen Kopf. Die Hauptstadt Taipeh befand sich an der nördlichsten Spitze. Es war also – wenn man so will – der verkopfteste Teil des Kopfes.

Taiwan wurde 1912 gegründet, stand da. Es war die erste Demokratie Asiens und das letzte Land, in dem traditionelles Chinesisch gesprochen wurde. Was auch immer das bedeutete.

»In Taiwan wird nicht ganz so viel gerempelt wie in China«, fuhr Hedwig fort, während wir durch einen savannenähnlichen Abschnitt bretterten. »Das Konkurrenzdenken hält sich in Grenzen. Du kannst eigentlich machen, was du willst. Es gilt als unhöflich, in der Öffentlichkeit zu essen oder zu trinken. Und wenn man von Leuten zum Essen eingeladen wird, sollte man das nicht ablehnen. In Taiwan geht es – wie in China auch – sehr viel um Essen. Das sieht man schon an der Sprache. Im Chinesischen gibt es unglaublich viele Redewendungen, die ihren Ursprung im Oralen haben. *Jemanden ausnutzen* zum Beispiel heißt auf Chinesisch ›jemandes Fleisch essen‹, *Schande auf sich laden* heißt ›Schande essen‹, *schwere Zeiten durchmachen* heißt ›Bitternis essen‹ und – du wirst es nicht glauben – ›jemanden anmachen‹: Sojabohnenkäse essen.«

Sehr gut, dachte ich. Essen, das konnte ich. Zwar hatte ich noch nie Schande gegessen, aber wahrscheinlich schmeckte sie wie Hühnchen.

Alles um uns herum war braun. Braun wie ein Backenbart. Braun wie eine verschrumpelte Nabelschnur. Braun wie ein Album von *AnnenMayKantereit*. Oder ein Tier, das Bruno heißt.

Es war, als würden wir über eine Landkarte aus dem Wilden

Westen im Maßstab 1:1 fahren. Fehlte nur noch, dass George W. Bush persönlich auf einem Büffel vorbeigeritten kam. Immer wenn ich im Ausland war, wurde mir klar, wie abwechslungsreich die deutsche Landschaft doch war mit ihren Hügeln und Laubwäldern und Badeseen und Schotterwegen und Rapsfeldern, auf denen sich Bussarde und Molche tummelten. Aber in diesem Ödland zwischen dem taiwanesischen Flughafen und der Hauptstadt Taipeh wäre ja schon ein herumrollender Heuballen oder eine zirpende Grille oder irgendetwas anderes, das man einblenden konnte, wenn ein Gag nicht zündete, eine echte Abwechslung gewesen. Na ja, dachte ich. *Andere Länder, andere Staaten.*

Man sagt ja immer, die Seele brauche etwas länger, um nachzureisen. Und meine Seele steckte immer noch irgendwo am Flughafen Tegel fest, vor einer Anzeigetafel mit einem Smoothie in der Hand. Ich konnte immer noch nicht glauben, dass ich jetzt in Asien war. Und dort Geschichte schreiben würde.

Poetry-Slams in China. Das hatte es noch nie gegeben.

Nichts

In China gibt es angeblich über zweihundert Millionenstädte. Zum Vergleich: In Deutschland gibt es vier. Nämlich Berlin, München, Hamburg und Köln.

In Europa gibt es um die dreißig Millionenstädte, in den USA um die zehn. In China? Zweihundert.

Noch einmal: zweihundert. Zwei. Hundert. Millionenstädte.

Zwei. Hundert.

Das Papier bietet leider nicht viele Möglichkeiten, diesen Umstand adäquat zu verdeutlichen. Oder haben Sie schon einmal von *Wafangdian* gehört, einer frischgebackenen Millionenstadt, deren Einwohnerzahl noch Ende der Nullerjahre auf etwas über 250 000 geschätzt wurde?

Hörten Sie von *Nanyang*, von *Hebi*, von *Wuzhou?* Oder von den Millionenstädten *Zhumadian, Jingdezhen, Dongying?* Nein? Klingelt da gar nichts? Was ist mit *Huizhou, Chuzhou, Qitaihe*, was mit *Baicheng, Tieling, Suizhou?* Kennen Sie *Beihai, Zhongshan, Pingxiang, Anqing, Chifeng, Putian* – alles Städte, die größer sind als München und doch in der westlichen Welt so unwichtig, dass sie teils nicht einmal einen eigenen Wikipedia-Eintrag haben?

Ist das nicht verrückt, dass Sie wahrscheinlich schon zweitausend Fotos von Kim Kardashians linker Pobacke gesehen, aber kein einziges Mal von *Pingxiang* gehört haben?

Allein *Anqing* hat über sechs Millionen Einwohner – das ist fast so viel wie alle deutschen Millionenstädte zusammen. In ganz Europa gibt es nur eine einzige Stadt, deren Stadtkern größer ist als *Anqing*. Und das ist London.

Man kann noch so viele *Fun Facts* vergessen, diesen sollte man sich wirklich auf der Zunge zergehen lassen. Und wenn man von Günther Jauch oder irgendeinem anderen Rätselwicht je danach gefragt wird, sollte man wie von der Tarantel gestochen aufspringen und schreien: »Zweihundert Millionenstädte! Es sind zweihundert Stück! Und jetzt her mit meiner Kohle!«

Nicht einmal in der gesamten restlichen Welt zusammen gibt es so viele Millionenstädte wie in China. Je nachdem, wie man zählt, kommt man außerhalb Chinas auf eine Zahl zwischen einhundert und einhundertfünfzig. Aber in China gibt es nicht nur zweihundert Städte mit einer Million Einwohnern oder mehr, inzwischen haben allein fünfzig Städte mehr als zwei Millionen Einwohner. Unter den hundert größten Städten der Welt befinden sich vierzehn chinesische – wenn man nur die Stadtkerne mitrechnet. Rechnet man die komplette Umgebung mit, zählte man also zum Beispiel das Ruhrgebiet als eine einzige Stadt, die größte Stadt Europas, so ist das chinesische Chongqing die größte Stadt der Welt mit rund 32 Millionen Einwohnern und – jetzt halten Sie sich fest – einem Stadtgebiet, das flächenmäßig ungefähr so groß ist wie Österreich.

Zudem hat China etwa dreitausend »kleine« Städte. Wobei *klein* zwischen 100 000 und 500 000 Einwohner bedeutet. Ein Blick auf die Liste der größten Städte unseres Nachbarlandes Schweiz lässt vermuten, wie absurd diese Zahl ist: Da haben wir Zürich mit etwas mehr als 400 000 Einwohnern, Genf mit fast 200 000 Einwohnern, Basel mit 175 000 Einwohnern, Lausanne mit 135 000 Einwohnern, Bern mit 130 000 Einwohnern, Winterthur mit 106 000 Einwohnern, Luzern mit 80 000 Einwohnern und St. Gallen mit 75 000 Einwohnern.

Das sind die acht größten Städte der Schweiz. Und jetzt kommt's: In China wäre jede dieser Städte ein Dorf, mehr noch: Luzern und St. Gallen wären Dörfchen, zu vergleichen mit – sagen wir – Westerland auf Sylt.

Ich fasse mich kurz: China ist einfach scheißegroß.

Eine Zahl wie 1,35 Milliarden Einwohner lässt sich schnell sagen, aber zweihundert Kölns und Hamburgs sind dann doch relativ unvorstellbar. Ja, es fällt schwer, sich der Größe Chinas adäquat bewusst zu werden, ohne es mit der Angst zu bekommen. Über zwölf Prozent der Weltbevölkerung spricht Chinesisch, wobei die zweitmeistgesprochene Sprache Spanisch nur von circa sechs Prozent gesprochen wird. In China gibt es mehr Menschen, die Englisch sprechen, als in den USA. Und es gibt mehr Leute, die jeden Sonntag in eine christliche Kirche gehen, als in ganz Europa. Generell ist praktisch jede Religion und Glaubensrichtung häufiger in China vertreten als in jedem anderen Land der Welt. Es gibt zum Beispiel allein über zwanzig Millionen chinesische Muslime. Und dabei sind offiziell nicht einmal zehn Prozent der Chinesen religiös.

Und – mein Gott – die chinesische Wirtschaft! Jeder dritte VW wird nach China exportiert (nach dem Abgasskandal sind es wahrscheinlich noch mehr). Wäre Walmart ein Land, es wäre Chinas sechstgrößter Handelspartner. Das ist doch einfach nicht zu fassen! Im wahrsten Sinne des Wortes! Jeden fünften Tag wird in China ein Wolkenkratzer gebaut, wenn man diese als Hochhäuser definiert, die höher sind als 150 Meter. Zum Vergleich: In ganz Deutschland gibt es überhaupt nur fünfzehn Wolkenkratzer.

Die aktuelle – und unmittelbar bevorstehende – geopolitische Lage wird gerne skizziert als eine Art Kalter Krieg zwischen den USA, Russland, Europa, Arabien und China. Und man kann sich darüber streiten, inwiefern diese Ansicht stimmt und was das jetzt bedeutet und wer aktuell am meisten Macht hat, wer am meisten Macht haben wird und so weiter, aber Fakt ist: China hat als Einzige dieser fünf Großmächte eine Geschichte, die mehrere tausend Jahre alt ist.

Wenn die meisten Länder der Welt an ihre zivilisatorischen Wurzeln zurückdenken, denken sie an das alte Griechenland, an Ägypten oder sogar an die Maya. Die gesamte westliche Philosophie, heißt es zum Beispiel, sei nichts als eine Fußnote zu Platon. Die Maya hätten die moderne Zeitrechnung entwickelt, die Ägypter die moderne Architektur. Gutenberg hätte mit seinem Buchdruck die Zeit der Aufklärung eingeleitet. Aber was gerne vergessen wird, ist: Das alles gilt nicht für China.

China hat immer schon sein eigenes Ding gemacht. Und die westliche Welt kann da erst seit der Industrialisierung mithalten.

In China wird unglaublich viel Fleisch gegessen. Zum Beispiel lebt weltweit jedes zweite Schwein in China. Das ist bekannt. Aber auch Umweltschutz und erneuerbare Energie sind hier ein boomender Markt. Mittlerweile ist China das Land, das am meisten in den Umweltschutz investiert und Spezialisten aus aller Welt ins Land lockt, um gemeinsam an Lösungen für den Klimaschutz zu arbeiten. Auf dem Entwicklungskontinent Afrika wird mittlerweile jeder zweite Bauauftrag an eine Firma aus China vergeben. Das heißt, auch in Sachen Entwicklungshilfe sind die Chinesen ganz vorne mit dabei.

Chinesische Studenten sind sowohl in Deutschland als auch in den USA die mit Abstand am häufigsten vertretenen Ausländer an Universitäten. Und immer fleißig.

Sämtliche Vergleiche machen deutlich: Nicht nur könnte China unser aller Zukunft werden, westliche Entwicklungen sind im Vergleich zu chinesischen ein Tropfen auf den heißen Stein. Man weiß ja nicht, ob die »Gelbe Gefahr« wirklich eine Gefahr ist. Aber sagen wir so: Die Frage, ob China das 21. Jahrhundert beherrschen wird, ist sehr real. Und wird in Deutschland für meinen Geschmack zu selten diskutiert. Gleichberechtigung, Vegetarismus, Kündigungsschutz, Elternteilzeit, Terrorismus, die Flüchtlingskrise, die Eurokrise, die AfD, der Brexit, Steuersünder, Varoufakis, Böhmermann, Erdoğan, Christiano Ronaldo, die Bekämpfung ausbeuterischer Strukturen, Mr. Robot oder ob Xavier Naidoo zum Eurovision Song Contest antreten sollte, einfach alles, was uns in den letzten Jahren beschäftigt hat, könnte schon sehr bald zu einer mickrigen Randnotiz in der Weltgeschichte verkommen. Also sollte man nicht den Fehler machen, die Chinesen aus der Gleichung auszuklammern und sich angesichts dieser riesigen, modernen, stetig wachsenden Bevölkerung zu verhalten wie ein Kind, das sich die Augen zuhält und denkt, dass die Welt wirklich verschwunden ist, nur weil es diese nicht sehen kann.

Es war erschreckend, wie wenig ich vor meiner Reise im Spätsommer 2014 über China wusste. Und dass mir das bis jetzt nichts ausgemacht hatte!

Ich wusste, dass China irgendwie eine sehr alte Tradition hat. Feuerwerkskörper, hatte ich gehört, gab es in China schon vor Jesu Geburt. Und Papiergeld schon vor über einem Jahrtausend, als die Fugger bei uns noch Sterne putzten. Aber ansonsten wusste ich wirklich nicht besonders viel, und die wenigen Bekannten, die China gesehen hatten, erzählten sehr Widersprüchliches. Dass

Shanghai eine der modernsten und schönsten Städte der Welt sei auf der einen Seite. Dass es auf der anderen Seite sehr dreckig sein sollte, gerade auf dem Land. Dass die Leute auf den Boden spuckten und mit ihrem Schwein auf dem Gepäckträger durch die Straßen fuhren. Und dass China deshalb so anfällig für Seuchen sei.

Ich hatte von dem Smog in Peking gehört. Dass man dort an besonders schlimmen Tagen seine Hand nicht vor dem Gesicht sehen könne. Und ich wusste von der Ein-Kind-Politik. Ich wusste, dass viele Genies aus China kamen. Vor allem aus dem Bereich der Mathematik und der klassischen Musik. Diese Leute, die schon mit neun Jahren die dreizehnte Wurzel einer hundertstelligen Zahl ziehen können und dir mit dem einen Fuß Mozart auf einem gläsernen Flügel vorspielen und mit dem anderen ein Kreuzworträtsel lösen.

Ich wusste, dass die Chinesen Messer und Gabel nicht nur erfunden, sondern sogar vor den Stäbchen verwendet hatten. Dass die Glückskekse wiederum eigentlich nicht in China erfunden wurden, sondern in den USA. Dass jede dritte Socke aus einer bestimmten Stadt in China kam. Dass diese Stadt mittlerweile als *Sock City* bezeichnet wurde. Dass Tischtennis der chinesische Nationalsport war. Dass man China auch als das *Land des Lächelns* bezeichnete. (Oder war das Japan?)

Aber genau genommen waren das mehr Popkulturzitate als ein Wissen. Hätte ich in Stichworten zusammenfassen müssen, was ich über das wahrscheinlich wichtigste Land der Welt wusste, wäre dabei etwas rausgekommen wie: *Kung Fu. Plagiate. Gelbe Gefahr. Kommunismus. Winkekatzen. Dragon Ball Z.* Und noch ein paar andere Dinge, bei denen ich nicht mal genau wusste, ob sie japanischen, koreanischen oder eben chinesischen Ursprungs waren wie Comics, Informatik und Schriftzeichen.

Wenn ich an China dachte, dachte ich nur an Klischees, Vorurteile, Ammenmärchen. Und erst recht hatte ich keine Ahnung, was mich hier als Bühnenautor erwartete. Schließlich sind bei unseren Schreibwettbewerben nur selbst geschriebene Texte erlaubt. Außerdem sind sie ja durch und durch demokratisch: Das Publikum bestimmt den Sieger, nicht irgendein Diktator. Und überhaupt: Wie sollte kreative Arbeit überhaupt möglich sein, wenn die Leute schon beim Schreibprozess um ihren Kopf fürchten müssten?

Viele Leute, so habe ich das Gefühl, wollen erst gar nicht nach China. Das Land ist ihnen unheimlich. Gerade nach den olympischen Spielen. Vielleicht meinen sie, China schon zu kennen, aber im Grunde geht es ihnen wie mir vor der Reise: Sie wissen einen Scheiß.

Ich kann nicht rappen

»Hochchinesisch ist die Landessprache«, sagte Hedwig weiter und zerfetzte die Kette meiner Assoziationen wie ein Kampfhuhn. »Taiwan war schon früh unabhängig. Die offizielle Bezeichnung ist ja *Republik China*, während China *Volksrepublik China* heißt. Das ist wie damals mit der DDR, nur als Insel: Beide sehen sich als das *eigentliche* China, und es ist nicht möglich, als westliches Land offizielle Beziehungen zu beiden Republiken zu führen.«

Im Radio lief Katy Perry. Und wie mein Blick so auf den Fahrer fiel, der mit seinen patschigen Griffeln im Takt schnippte, kam ich mir auf einen Schlag so unendlich deutsch vor. Mit meinen blauen Augen und den blonden Locken und den Ängsten und Neurosen.

»Früher haben die westlichen Länder gute Kontakte zu Taiwan gepflegt. Dann war es – Mitte der Siebzigerjahre – plötzlich wirtschaftlich nicht mehr so interessant. Zumindest uninteressanter als China. Frankreich legte als erstes Land den Kontakt zu Taiwan auf Eis, um einen mit China aufzubauen. Die anderen europäischen Länder kippten wie Dominosteine. Das ist eigentlich ziemlich schade: Mittlerweile pflegen auf der ganzen Welt nur circa zwanzig Staaten einen intensiven Kontakt zu Taiwan. Und die meisten davon sind sehr kleine Underdog-Staaten. Taiwan spielt im politischen Weltgeschehen eigentlich keine Rolle mehr. Globalpolitisch gesehen befindet es sich in einem Vakuum.«

Apropos Vakuum, dachte ich und stellte fest, dass ich kein Bargeld bei mir trug. Ich war völlig abgebrannt. Generell war ich denkbar schlecht ausgestattet. Ich hatte nur lange Hosen und nichts zum Baden dabei, was mir angesichts der 32 Grad, die das Thermometer vorne am Armaturenbrett anzeigte, wie ein schlechter Witz erschien.

Hedwig brachte mich zum Hotel, einem kleinen, fenster- und schnörkellosen Haus, das in etwa so gemütlich war wie die Gebäude auf den Euronoten, und verabschiedete sich. »Du kannst es bestimmt kaum erwarten, die Gegend unsicher zu machen!«, sagte sie. »Aber damit musst du dich noch ein wenig gedulden.«

Ehrlich gesagt konnte ich es kaum erwarten, endlich das Zimmer zu beziehen, einen schlechten Film zu schauen und dabei wegzudösen. Als ich die Tür zugemacht hatte, merkte ich, dass mein – ebenfalls eher wenig einladendes – Zimmer ein paar eigenartige Accessoires hatte. Normalerweise sind Hotelzimmer in der mittleren Preisklasse ja alle irgendwie gleich. Mülleimer, Kleiderhaken, Klobürste. *Kennste eins, kennste alle.* Aber ich hatte einen Fernseher auf der Toilette sowie eine Arschdusche, die mit ihren ganzen Funktionen und Lämpchen sehr futuristisch aussah und sich merkwürdig anfühlte. Vielleicht war das auch einfach nur das Moment der Überraschung. Jedenfalls hätte ich nicht gedacht, dass ich mir als erste Amtshandlung in Taiwan erst einmal die Rosette duschen würde. Naja. Man muss die Feste feiern, wie sie fallen.

Beim Aufstehen brummte mein Schädel wie ein sehr dicker Mönch in der Kirche beim Singen. Aufgrund der Zeitverschiebung – wenn in Taiwan null Uhr ist, ist es in Deutschland erst 18 Uhr – hatte ich bis fünf wach gelegen und mir dann eine Schlaftablette eingeschmissen, um wenigstens nicht ganz unfit um sieben aufzustehen, was natürlich dazu führte, dass ich die *Vivinox stark* immer noch nicht abgebaut hatte, als wir um halb neun in der Soochow-Universität in Taipeh ankamen. Aber der Reihe nach.

»In Taiwan gibt es über zweihundert Universitäten«, erzählte Sebastian auf der Taxifahrt zum ersten Auftritt, während er mir etwa hundert Euro in bar nebst einer formschönen offiziellen Einladung zu den Feierlichkeiten zum Tag der Deutschen Einheit in zwei Tagen zusteckte. Es war immer wieder erstaunlich, wie viel eine Handvoll bedrucktes Papier ändern konnte. Mit dem Geld in der Hand fühlte ich mich auf einen Schlag geborgen. Ein Hoch auf das Goethe-Institut!

»In Deutschland gibt es um die hundert Unis, obwohl Deutschland viermal so groß ist«, sagte er.

Immer diese Fakten, dachte ich auch. Die konnte ich mir doch sowieso nicht merken! Und wenn schon. Wen kümmerte es? Woher sollte ich wissen, ob hundert Unis nun viel oder wenig waren? Menschen sind nicht gebaut, um diese Dinge zu wissen.

Sebastian trug lange blonde Haare und einen Borstenschnitt an der Seite. Wie Marco Reus. Oder Woody Woodpecker.

Außerdem hatte er ein riesiges weißes Gebiss. Das Gebiss war so groß, man könnte eher sagen, es hatte ihn. Es strahlte wie eine Diskokugel, und die daran hängende Person ließ keine Gelegenheit aus, breit zu grinsen, was mich zugegebenermaßen einschüchterte, da meine Zähne eher normal verwittert sind und ich manchmal nach dem Essen Reste zwischen ihnen hängen habe. Zudem habe ich noch einen Milchzahn, direkt hinter einem Eckzahn. Er ist sehr klein und etwas braun. Eigentlich nur noch so eine Fassade.

Mit seinem Hemd, das zwar gewaschen war, aber mindestens drei Nummern zu groß, ungebügelt und geradezu epileptisch gefärbt, sah Sebastian aus wie eine Mischung aus VWL-Student und diesem schwulen Bestatter aus *Six Feet Under*. Ob wir in Deutschland wohl miteinander befreundet wären?

Jedenfalls ergab sich die Tatsache, dass ich aufgrund der Tabletteneinwirkung meine Augen geschlossen hielt und seine Informationen nicht mit einem Lächeln oder Nicken meines Schädels goutierte, vielmehr aus dem meiner Müdigkeit geschuldeten allgegenwärtigen Phlegma und weniger einer klaren persönlichen Abneigung.

»Der frühe Vogel fängt den Wurm!«, sagte Sebastian irgendwann und lachte laut. Ja, dachte ich. *Aber der frühe Clown wird gefrühstückt.*

An der Universität wurden wir sehr herzlich von einer kleinen Schülerin empfangen. Genauer genommen waren es drei Schülerinnen, die in Wirklichkeit keine Schülerinnen waren, sondern Studentinnen, die nur so aussahen wie Schülerinnen. In der Tat sahen sie dermaßen jung aus, es war beinahe grotesk. Man konnte nicht schätzen, wie alt sie waren, sie hätten genauso gut fünfundzwanzig wie zwölf sein können. Was wie die billige Ausrede eines Pädophilen klingt, entspricht der Wahrheit, ich schwöre es bei dem Schniepi meines Vaters!

Die Studentinnen lächelten viel und sprachen ein ziemlich resolutes Deutsch. Wenn ich daran dachte, wie wenig Französisch ich nach fast fünf Jahren Unterricht konnte, lief es mir kalt den Rücken herunter. Es reichte gerade mal aus, um zu wissen, was *Ein Esel hat eine Ananas* heißt, nämlich: »*Un âne a un ananas*«.

Draußen hing ein kleines Holzschild, auf dem *Department for German Language and Culture* stand.

Wir klopften und betraten das Sekretariat der deutschen Fakultät. »Können Sie noch ein bisschen warten?«, sagte der Professor, der gerade in ein forderndes Gespräch mit seiner Sekretärin vertieft zu sein schien. Auch er war von geradezu absurder Winzigkeit. Wie ein Pantoffeltierchen oder so, was optisch noch von einer bizart großen Uhr und einer geradezu verstörend ballonartigen Hose unterstrichen wurde. Das Alter des Professors hätte ich spontan auf 31 geschätzt. Dabei war er sicher schon mindestens Mitte fünfzig.

Die Sekretärin hingegen sah genauso aus wie alle Sekretärinnen. Wenigstens etwas, dachte ich. Eine Konstante. Wahrscheinlich waren alle Sekretärinnen auf der ganzen Welt gleich. So wie die Zahl Pi. Oder die Tatsache, dass der Kaffee bei Starbucks nach Rindenmulch schmeckt. Oder Oreo-Kekse. Da weiß man auch immer, was man kriegt.

Wir sahen uns um.

»Ist es nicht interessant«, sagte Sebastian, »wie man Deutschland in anderen Ländern wahrnimmt?« Seine Augen glitzerten vor Neugierde, sodass man kaum zwischen Seh- und Kauwerkzeug zu unterscheiden vermochte.

»Hm, passt schon«, sagte ich und exte zwei Tassen Kaffee, um endlich wach zu werden. Mein Gesicht war zerknautscht und verquollen, mein Magen rumorte. Ich fühlte mich so, wie der Autor von *Game Of Thrones* aussieht. Aber natürlich hatte Sebastian recht! In den Bücherregalen stand eine wilde Auswahl deutscher Klassiker. Es waren keine fünfzig Titel, darunter *Ansichten eines Clowns*, *Die Verwandlung*, *Die Vermessung der Welt* als Verfilmung auf DVD, ein Bildband mit den schönsten Szenen der Aufstiegssaison des FC Augsburg, ein Taschenbuch mit einem Titel wie *Wandern mit Wein* und eine Hausarbeit über die Piratenpartei. Irgendwo stand auch noch eine Plüschpuppe von Janosch.

Mein Blick fiel auf eine herumliegende Broschüre, die offensichtlich ein Austauschstudent geschrieben hatte. *How To Not Die In Taiwan* stand vorne drauf in einer Schrift, die abenteuerlich wirken sollte, aber das einzig Abenteuerliche daran war die Einfallslosigkeit, mit der sie ausgewählt worden war.

»In Taiwan«, las ich, »ist nicht Schwarz, sondern Weiß die Farbe der Trauer. An Beerdigungen tragen alle weiße Kleidung.« Ein klassischer *Fun Fact*, dachte ich. Frei nach dem Motto: *Not interesting, but true.*

»So, jetzt«, erschreckte mich der winzige Professor in nahezu perfektem Deutsch.

Er ging vom Schreibtisch zu uns rüber und musterte mich abschätzig. »Gleich geht's los!«

»Die Schüler haben Pause?«, fragte ich.

»Die *Studenten*«, erwiderte er in einem strengen Ton. Jetzt wurde er fast ein bisschen arrogant. »Und ja: Sie haben Pause. Also, wer sind Sie eigentlich?«

»Ich … äh … bin Poet!«, rief ich und versuchte dabei so enthusiastisch zu klingen wie nur irgend möglich.

»Sie, ein Poet?«, fragte der Professor und tastete mich mit seinen Äuglein ab. Vielleicht hätte ich mir eine ordentliche Hose anziehen sollen. Das *Shooting-For-Success*-Logo auf meiner glitzernden Basketballbuxe war schon recht zerfleddert, und an meinen Turnschuhen klebten immer noch dicke Dreckbollen vom letzten Regentag vor zwei Wochen im bayerischen Wald.

»Sie sehen gar nicht wie ein Poet aus«, monierte der Professor, während er begann, Unterlagen für den Unterricht zu sortieren.

»Was haben Sie denn erwartet?«, fragte ich. »Lockenperücke und Federkiel?«

»Sie haben ja recht«, sagte der Professor. Aber eine richtige Hose hättest du dir trotzdem anziehen können, dachte ich.

»Also: Meine Studenten«, sagte der Professor, »haben ganz unterschiedliche Deutschkenntnisse. Manche waren schon ein ganzes Jahr in Münster. Andere haben erst vor wenigen Monaten angefangen, Deutsch zu lernen. Was machst du eigentlich?«

Ich erklärte ihm, was ich in Deutschland mache.

»Ein Rap-Musikgedicht?«, fragte der Professor begeistert.

»Nein«, sagte ich. »Es ist ähnlich wie Hip-Hop. Der Unterschied ist …« Ich stockte. Ach, scheiß drauf, dachte ich. »Der Unterschied ist: Beim Hip-Hop sagt man: *Ich ficke deine Mutter.* Bei uns sagt man: *Meine Mutter ist die Geilste!* Verstehen Sie? Es ist ein anderer Ansatz, aber es kommt auf dasselbe raus. Es sind letztlich zwei Seiten einer Medaille.«

»Verstehe«, sagte der Professor nachdenklich. Es folgte eine Pause. »Also, was genau machen Sie mit meiner Mutter?«

Zehn Minuten später stand ich vor zwanzig Taiwanesen, die hauptsächlich weiblich waren, auch wenn man von dieser Weiblichkeit sehr wenig mitbekam. Sie sahen androgyn aus wie der Sänger einer Mädchenband. Ich musste daran denken, wie ich mich in meiner Kindheit einmal gefragt hatte, ob man kleine Maden auch Mädchen nennen würde. Also Mäd-Chen.

Sebastian saß am Rand des Raumes und blätterte abwesend in einer Broschüre. Scheiß Kultur, dachte ich. Der hat's gut. »Hallo«, sagte ich. »Mein Name ist Thomas. Ich bin 26 Jahre alt und Bühnenpoet.« Die Taiwanesen glotzten mich an, als hätte ich mich vor ihren Augen in einen sprechenden Zucchino verwandelt. Und so fühlte ich mich auch.

Dann erklärte ich die drei Regeln meines Bühnensports. »Erstens«, sagte ich, »müssen die Texte selber geschrieben sein. Zweitens gibt es ein Zeitlimit von meist fünf Minuten – manchmal mehr, manchmal weniger. Und drittens sind Requisiten verboten. Das und nur das macht einen Poesiewettbewerb aus. Stilvorgaben gibt es keine. Theoretisch könntest du auch fünf Minuten auf der Bühne liegen und gar nichts sagen. Auch das würde passen. Oder du liest einen DNA-Strang vor. Auch das habe ich schon einmal gesehen.«

»DNA?«, murmelte ein Taiwanese seinem Banknachbarn zu. »Was ist ...?«

»Egal«, sagte ich. »Das führt jetzt zu weit. Jedenfalls entscheidet dann das Publikum nach den Vorträgen, welche zwei Poeten sie noch einmal in einem Finale sehen wollen. Das geschieht mal per Publikumsapplaus, mal per hoch gehaltenen Noten wie beim Skispringen. Die Finalisten tragen jeweils noch mal einen Text vor. Und dann wird ein Sieger gekürt.«

Ich trug einen Text vor, die Studierenden lauschten gespannt. An einer Stelle gab es beinahe so etwas wie einen Lacher, wobei sich später herausstellte, dass sich nur ein dicker Student, der Lion – also wie Löwe auf Englisch – hieß, an einem Zitronen-Muffin verschluckt hatte. Wieso, dachte ich kurz, haben hier alle so seltsame Namen?

Ansonsten verlief die Stunde vorwiegend normal. Hin und wieder konnte ich ein Schmunzeln erspähen. Zum Beispiel als ich erzählte, dass ich das hauptberuflich machte und damit mehr Geld verdiente als meine Schwester, eine ausgebildete Zahnärztin. Und als ich von Julia Engelmann erzählte und ihrem Video, das mit den acht Millionen Klicks auf Facebook. Eigentlich nur bei Fakten. Und auch dann nur sehr dezent, wie mit Pastellfarben gemalt.

»Gibt es irgendwelche Fragen?«, fragte ich. Vom Publikum kam nervöses Rascheln. Aber immerhin nicht nichts.

Ich schenk dir die Welt

Ein interkultureller Austausch bietet nicht nur die Möglichkeit, sich sprachlich zu entwickeln und eine andere Kultur zu entdecken, sondern ist auch die ideale Gelegenheit für einen Tapetenwechsel und um schulisch ein bisschen auszuspannen. So die Theorie. De facto kann das sehr schnell sehr stark in die Hose gehen. So wie jedes noch so spannende Konzept an Glanz verlieren kann, wenn es in der Schule von Lehrern oder anderen Alkoholikern vorgetragen wird. So dachte ich zum Beispiel bis ich siebzehn war, dass Dramen Stücke wären, in denen es grundsätzlich darum geht, dass sich zwei Menschen möglichst unglücklich ineinander verlieben, möglichst kompliziert ausdrücken und am Schluss möglichst tot sind, weil wir uns – statt all den spannenden Dramen, die man hätte lesen können – nur *Iphigenie auf Tauris*, *Kabale und Liebe* und *Emilia Galotti* in den Hirnkasten gekurbelt hatten.

Und so scheitern auch Austauschprogramme hin und wieder grandios, wie ich kurz am Beispiel meines französischen Austauschschülers Mael illustrieren möchte, der mich besuchte, als ich zwölf war.

Mael war ein netter Kerl. Nicht zu nett – was für einen dreizehnjährigen Jungen wahrscheinlich ohnehin keine positiv herausragende Eigenschaft, sondern eher bedenklich wäre. Mael war kräftig – und damit meine ich muskulös, nicht fett – und fahlblond. Er spielte Rugby und schaute gerne Actionfilme. Er interessierte sich *gar nicht* für Deutschland und *ein bisschen* für Mädchen und *stark* für deutsches Bier. So weit, so normal. Aber meinen vorpubertären Brüdern und mir passte es einfach nicht, dass er sich für ein paar Wochen bei uns einnisten sollte. Wir hatten damals Besseres – oder nein, sagen wir – wir hatten damals *irgendwas* zu tun. Und Kinder sind halt manchmal gemein. Und schließlich waren wir immer unausgeglichen, nie allein: Den Wald vor der Haustüre hatten wir immer zu dritt benutzen müssen. Und so war das Erste, was wir dem armen Franzosen beibrachten, der Hitlergruß.

Vor Mael, der zu Beginn des Austauschs kein einziges Wort Deutsch konnte, wiederholten wir beständig: *Der Bart juckt, die Sonne blendet.* Was wir Hitler-typisch intonierten. Also: *Därrr Barrrrt jockt, die Sonnnne blänn-dät.*

Der Anblick, wie wir dem Jungen dabei die Hände zu einem Hitlergruß formten, war für einen Deutschen wahrscheinlich verstörender als für jeden Ausländer. Für uns Kinder war es einfach ein Schockeffekt. Unsinnig, aber wirkungsvoll. Wie wenn man nachts in der Gruppe einen Horrorfilm anschaut und sich fast in die Hose kackt vor Angst, aber es aushält, sich danach demonstrativ streckt und sagt: »Was habe ich Lust, jetzt noch einen Horrorfilm zu schauen!« Die Nazithematik war irgendwie ein heißes Eisen, ein Tabu. Und was gibt es Spannenderes für drei kleine Jungen?

Ich fasse mich kurz: Heute hätte ich ihn nicht so empfangen. Ich hätte wohl dazugelernt gehabt.

Doch zu diesem Zeitpunkt sagten wir nur: »Gut gemacht, Mael.« Und gestatteten ihm den Einzug. Wenig später ging es weiter. »Jetzt sprich mir bitte nach«, sagte ich. »Morgenstund hat Gold im Mund.« Meine Brüder und ich hatten beschlossen, Mael etwas möglichst Sinnloses beizubringen.

Der Franzose stammelte irgendwas wie: *Ömnömnöm-Rö-deldödel-Töfftöff.* Und etwas anderes würde er in den drei darauffolgenden Monaten auch nicht mehr lernen. Natürlich fiel es auch mir denkbar schwer, mich mit ihm zu verständigen. Ich konnte nicht viel außer: *Je suis une baguette.* Und er konnte nicht viel außer: *Isch verstä-hö niescht.* Woraufhin wir stets erwiderten: »Nein, Mael. Wie oft denn noch? Das heißt: Morgenstund hat Gold im Mund.«

»*Ömnönö-Töterötö*«, antwortete Mael.

»Sehr gut«, sagten wir. »Was hast du noch gelernt?«

»*Där-öh Bart-eh juckd. Son-nöh bländt.*«

»Genau. Fein gemacht.«

Natürlich unterließen wir das in Gegenwart meiner Mutter. Hitler war – wie in den meisten Haushalten – ein absolutes Tabuthema. Hitler war wie du-weißt-schon-wer. Ein Voldemort, über den man nur schwer etwas Authentisches erfahren konnte, wollte man nicht Geschichtsbücher wälzen, die größer waren als ein Videorekorder. Zu Hause durfte ich nicht über Hitler reden, meine Großeltern wollten nichts darüber erzählen, und wenn der Geschichtslehrer in der Schule aus *Mein Kampf* vorlas, lagen ausnahmslos alle Jungs am Boden vor Lachen.

Da saßen wir also mit Mael und mussten ihm »unser Deutschland« präsentieren und bekamen nichts – aber auch gar nichts – Vernünftiges heraus. Ich hatte offen gestanden auch keine Lust, so zu tun, als sei mein Heimatort Ulm typisch deutsch. Allein der Gedanke, dass jemand fünf Wochen in Deutschland ist und in dieser Zeit nichts als dieses Drecksloch sieht, stimmte mich traurig. Das ist, wie wenn man jemandem einen Pferdeapfel zeigt und sagt: »Da. Schau mal. Ein Pony.«

In der Schule war Mael auch nicht zu gebrauchen. Er saß in der letzten Reihe und spielte Käsekästchen mit sich selbst. (Was er wahrscheinlich nicht Käsekästchen nannte, sondern *quadrat de frômage.*)

Muss schon langweilig sein, sechs Stunden am Tag auf einem Stuhl zu sitzen, umringt von Leuten, deren Sprache man nicht versteht, vor einem Lehrer, der aussieht wie Tony Soprano auf Crack. Und das Einzige, was man kann, ist: *Morgenstund hat Gold im Mund.* Zumal auch die Mädchen Mael nicht beachteten. Am Anfang hatten sie sich noch richtig darüber gefreut, dass ein Franzose in die Klasse kam. Endlich jemand, der die Sprache der Liebe noch mit Zunge sprach. Sie hatten sich Mael als Adonis vorgestellt. Aber als sie merkten, dass nicht jeder Franzose ein Vagina-Flüsterer war, genauso wenig wie nicht jeder Deutsche Franz Hansdampf-Napf-Mampf heißt, Lederhose trägt und von morgens bis abends Wurst isst und Scooter hört, verloren auch sie das Interesse.

Kein Wunder jedenfalls, dass Mael immer aggressiv wurde, wenn wir uns prügelten: Sobald wir uns balgten, begann er zu kratzen und zu beißen oder nahm uns so lange in den Schwitzkasten, bis unser Kopf lila anlief und kleine französische Vögel darüber kreisten. Und wenn wir ihn in der Mangel hatten, ließ er sich auf den Boden fallen und schrie: »*J'a le cramp, j'a le cramp*«.

(Typisch französisch, dachte ich dann immer. Selbst wenn sie einen Krampf haben, klingt es, als würden sie sich grad in einem roten Abendkleid auf einem Flügel räkeln. Unser Wort hingegen klingt typisch deutsch: *Krampf.* Das klingt wie *Krapfen, Karpfen, Schupfnudeln* oder *Dampfdruckkochtopf.* Jede Silbe ein großes *ufftata, ufftata.*)

Ach, Mael. Er war mir so egal. Und mein erster interkultureller Austausch grandios gescheitert.

Länder waren mir generell egal. In der Generation unserer Großeltern war es noch möglich, einen persönlichen Bezug zu anderen Ländern zu haben, ohne entsprechend verwandt oder verschwägert zu sein. Mein einer Opa zum Beispiel *hasste* Russland, weil die russische Gefangenschaft die Hölle gewesen sein muss und eine seiner Schwestern im Krieg von Russen vergewaltigt wurde. Mein anderer Opa *liebte* die Amerikaner, weil man ihn in amerikanischer Gefangenschaft extrem gut behandelt hatte. Mir war das alles schlichtweg wurst. Nationale Identitäten. Und ich wusste nicht einmal, ob das nun besonders rückschrittlich war oder ganz im Sinne der Globalisierung. Ich konnte ja nicht einmal die deutsche Nationalhymne singen. Ich wusste nicht, dass die dritte Strophe verboten war und warum. Alles, was ich wusste, war, dieser interkulturelle Austausch war ein Krampf und dass ich Mael nie wiedersehen würde, während sich dieser mit einem lustlosen Hitlergruß von mir verabschiedete.

Wer ist der Typ?

Nach unserem Besuch bei der Soochow-Universität führte mich meine Begleitperson Sebastian in ein Museum. »Goethe zahlt«, sagte er nur. Und ich fühlte eine große Erleichterung. Wie im letzten Juli bei Götzes Finaltor.

Das Museum erwies sich dann aber leider als eine Art Hort für allerlei taiwanesische Artefakte – Puderquasten, Lehnsessel, Essstäbchen aus dem 17. Jahrhundert, die im Vergleich fast schon bedrohlich wirkten.

Ich hatte eher an ein Museum für moderne Künste gedacht und war enttäuscht, selbst als wir – nach fünfzehn Minuten Schlangestehen – vor der Hauptattraktion des Museums standen – einem kleinen Stückchen Chinakohl aus Jade. Die Geschichte Taiwans spielte für mich eine untergeordnete Rolle. Man kann sich ja nicht für alles interessieren. Irgendwann ist der Kopf auch mal voll. Und dieser Inselbesuch hier war – wenn überhaupt – die Ruhe vor dem Sturm.

Ob ich mir hier ein Tattoo stechen lassen sollte? Einen Sinnspruch? Oder ein typisch taiwanesisches Motiv? Das Einzige, was mir immer wieder in den Sinn kam, war *Ente süß-sauer*, und ich musste lachen ob meiner Einfallslosigkeit. Generell brachten mich Tätowierungen zum Lachen. Ich fragte mich zum Beispiel, wie das aussähe, wenn sich die Leute, anstatt das Gesicht ihres Hundes auf den Körper, ihr Gesicht auf den Körper ihres Hundes tätowieren ließen. Oder, wieso Leute sich immer »etwas mit Bedeutung« stechen lassen mussten und sich nicht einfach *irgendetwas* stechen ließen. Das wäre doch mal erfrischend. »Hey, was hast du da auf deinem Knöchel?«

»Dreck.«

Eine Freundin von mir hat sich das böse Auge Saurons zwischen die Schulterblätter tätowieren lassen und, weil es dann aussah wie ein Arschloch, zusätzlich jeweils links und rechts davon Flügel. Jetzt sieht das Auge aus wie ein Arschloch mit Flügeln. Und wenn sie im Fitnessstudio Rückenübungen macht, fängt es seltsam an zu flattern.

Auf dem Heimweg erzählte mir Sebastian von einer Telenovela, die *Mein Freund, der Ingenieur* hieß. Die Story: Ein Mädchen hat einen Freund, der Ingenieur ist und deshalb von ihrem Vater geächtet wird. Jener geht daraufhin nach Shanghai und verliebt sich in ein anderes Mädchen, woraufhin der Vater wiederum zum ersten Mädchen sagt: »Hab ich's doch gleich gesagt, dass das ein Schlawiner ist! Du fällst auf seine Sprüche rein!«

Darauf erzählte ich ihm von einer romantischen Komödie, die ich vorhatte, mit einer befreundeten Autorin zu schreiben. Die Story: Er ist Tierarzt auf dem Land und bekommt Schulterprobleme, weil er seit zwanzig Jahren nichts anderes macht, als Kühe zu besamen. Sie ist Orthopädin und kennt sich genau damit aus, weil sie ihre Tenniskarriere aufgrund eines Knorpelschadens in der Schulter beenden musste. Der Arbeitstitel lautete: *Shoulder of Love*.

»Das Ganze beruht auf einer wahren Begebenheit«, sagte ich abschließend.

»Ha!«, erwiderte Sebastian und grinste breit. »Die besten Geschichten schreibt halt immer noch das Leben.«

Wir fuhren mit der Metro. Die Preise für unsere Strecken waren normalerweise 35 Neue Taiwan-Dollar.

»Wie viel ist ein Neuer Taiwan-Dollar?«, fragte ich.

»Achtzig NTD«, sagte er, »sind ungefähr zwei Euro.«

»Also ziemlich billig«, sagte ich, »gut, gut.«

»Taiwan ist generell sehr fortschrittlich«, sagte Sebastian. »Hast du schon einmal vom Schnellzug gehört?«

»Nein.«

»Der verbindet Taipeh mit Kaohsiung.«

»O. k.«, sagte ich.

»Und er ist sehr schnell.«

Eines muss ich sagen: Die taiwanesische Technologie brachte mich zum Staunen. Ich fühlte mich regelmäßig wie in einer Folge von *Black Mirror*. Schon der Aufzug im Hotel blieb mir als außerordentlich schnell in Erinnerung. Insgesamt erschien mir Taiwan als eine Art asiatische Schweiz: reich, modern, sauber, grün, traditionsbewusst, höflich. Gleichzeitig wirkte die Stadt richtig schön städtisch. Wie Frankfurt oder Köln. Nicht dieser kleinbürgerliche, spießige Schnörkelscheiß. Es gab richtig fette Hochhäuser mit Glasfassaden, so groß wie Gebirgsschluchten.

Eigentlich kann man nichts an Taiwan aussetzen. Selbst der viele Mundschutz war nicht – wie ich zunächst angenommen hatte – ein Zeichen für Seuchen, sondern vielmehr als ein Accessoire empathischer Hypochonder zu verstehen: Erkältete Taiwanesen wollten die anderen vor Keimen schützen. Und stülpten sich deshalb einen Mundschutz über die Schnute. Das fand ich eigentlich sehr nett. Und hygienisch. Wie die Müllabfuhr, welche die Menschen mit dem lauten Abspielen klassischer Musikstücke dazu animierte, den Müll rauszutragen.

»Hast du den *Taipei 101* gesehen?«, fragte Sebastian.

»Den was?«, fragte ich. »Ist das ein Pornofilm?«

»Nein, nein«, sagte er und lachte. »Das ist so ziemlich der spektakulärste Wolkenkratzer der Welt. Und er steht hier in Taipeh.«

Er zeigte mir ein Foto auf seinem Smartphone. Der *Taipei 101* sah aus wie eine Palme ohne Palmwedel: Er war mehrfach gestuft, wobei die Stufen nach oben hin jeweils dicker wurden. Als hätte man eine Handvoll überdimensionale Fruchtzwerge übereinander gestapelt.

»Sieht verrückt aus«, sagte ich.

»Oh, das ist er«, sagte Sebastian. »Also wenn es eine Sache gibt, die du dir hier auf jeden Fall anschauen solltest, dann ist das der *Taipei 101*. Das ist wirklich ein ganz besonderes Bauwerk.«

»Wieso?«

»Zum einen war er eine Zeit lang der größte Turm der Welt. Er hat bei seiner Eröffnung 2004 – glaube ich – sechs Rekorde aufgestellt. Er war auch der teuerste Turm der Welt und der mit den meisten Stockwerken und dem schnellsten Lift. Aber das ist nicht das Besondere. Weißt du, Wolkenkratzer werden überall gebaut. Gerade in China und Dubai ist in den letzten Jahren ein regelrechtes Wettrüsten mit Wolkenkratzern losgebrochen, der sogenannte *»battle in the sky«*. Aber das ist nicht der Punkt. Der *Taipei 101* ist keine Penisverlängerung für Touristenshops und Städteplaner. Er verkörpert beinahe eine Art architektonischen Idealismus.«

»Das musst du mir dann doch genauer erklären.«

»Nehmen wir zum Beispiel den Lift vom *Taipei 101*. Viele kennen ihn nur als einen der schnellsten Lifte der Welt. Oder als einen der wenigen Doppeldeckerlifte. Aber das Besondere ist weniger die Geschwindigkeit, sondern mehr die Geschmeidigkeit, mit der der Lift fährt. Es gibt YouTube-Videos, wo jemand eine Münze auf der Kante balanciert, während er den Lift benutzt. Mit fast zwanzig Metern pro Sekunde. Das musst du dir einmal vorstellen!

Der *Taipei 101* ist nicht einfach ein großer fetter Turm, eine Art *Trump Tower* ohne Trump. Er ist ein Stück Pionierarbeit. Und dabei – trotz seiner Größe – geradezu dezent und respektvoll. Zum Beispiel ist er einer der ganz wenigen Wolkenkratzer, dem man seine Herkunft wirklich ansieht, weil er asiatisch aussieht. Mehr noch, das 101 steht für die Zukunft, weil hundert die Vollkommenheit symbolisiert und 101 demnach »etwas mehr als vollkommen« bedeutet. Also das, was nach der Vollkommenheit kommt. Und ökologisch gesehen ist das Teil auch der Wahnsinn. Es ist supermodern und nachhaltig klimatisiert und berühmt für seinen Müllschacht.

Noch heute ist der *Taipei 101* der höchste grüne Wolkenkratzer der Welt. Und ich würde sogar so weit gehen und sagen, dass er damit alles verkörpert, was Taiwan ausmacht. Er ist fortschrittlich und clever, modisch und charmant. Und damit so etwas wie das Gegenteil von der modernen chinesischen Architektur. Die moderne chinesische Architektur ist fett, hässlich und feige, weil sie westlich aussehen will, aber unter östlichen Bedingungen hergestellt wird, keine zwanzig Jahre hält und nichts hinterlässt als Gift.« Er machte eine Pause.

»Dann sollte ich mir diesen … äh … Turm wohl wirklich mal anschauen«, sagte ich.

»Ja, das solltest du«, sagte Sebastian.

»Ja, das sollte ich«, wiederholte ich.

»Vielleicht ist es gut, dass du Taiwan als Erstes siehst«, sagte er. »China ist *anders*, weißt du? Dort spucken die Leute überall auf den Boden und so.«

»Ach, tatsächlich?«, fragte ich. Das konnte ich mir fast nicht vorstellen.

Am nächsten Morgen riss mich der Wecker aus einem genauso tiefen wie traumlosen Schlaf.

Es war Viertel vor zwölf. Um halb eins würde ich abgeholt werden, und ich beschloss, mir irgendwo auf der Straße ein belegtes Brötchen zu holen, um nicht völlig verhauen in der Schule aufzuschlagen. Heute waren immerhin zum ersten Mal richtige Kinder dran.

»Eine Wanduhr schenken«, hatte Hedwig bei der Herfahrt noch gesagt, »ist in China gleichbedeutend mit dem Ausspruch: *Mögest du bald sterben!*« Und wie ich jetzt auf die Uhr blickte, war es mir, als würde sie genau das zu mir sagen: »Stirb, du Schwein!«

Nachdem ich die sozialen Netzwerke, *Spiegel Online* und die Fußballergebnisse gecheckt hatte und zu meiner Erleichterung festgestellt hatte, dass alle deutschen Mannschaften in der Champions League gewonnen hatten, rannte ich nach draußen, wo es zum ersten Mal seit meiner Ankunft in Asien regnete. Dicke Wassertropfen platzten aus dem Himmel. Es regnete mir in die Augen. Die wenigen Passanten irrten kreischend umher. Regen schienen sie hier nicht sonderlich zu mögen. Mehr noch, sie schienen regelrecht Angst davor zu haben.

Ich nahm mir einen Gästeschirm aus dem dafür vorgesehenen Gästeschirmetui und schlurfte zu einem nahegelegenen Bagel-Café. Dabei fiel mir auf, dass die Wohnungen hier nicht horizontal, sondern vertikal angeordnet waren. Jedenfalls ließ die Einteilung der Fenster und Treppenhäuser in den Fensterfronten das vermuten. Ich nahm mir fest vor, die Beobachtung nachher zu verifizieren. Dann trat ich ein. Das Bagel-Café mutete hipsterhaft an. Mit unlackierten, groben Holzstühlen und einem eigenen Logo und allerlei Getränkeschorlen, die man aus dickbödigen Gläsern schlürfen konnte. Die Kleiderhaken waren verbogene Löffel, die Deckenbeleuchtung herunterhängende Schreibtischlampen, die Sessel mit Fellen ausgekleidete Schubkarren, die Vasen Flaschen und die Gläser kleine Vasen. Als wäre es besonders clever, Dinge zweckzuentfremden. »Leute, schaut mal! Ein Schuh. Lasst uns damit Schnitzel klopfen.«
Ich habe wenig übrig für diese Dinge. Es ist ja schön, dachte ich mir oft, wenn die Leute am Puls der Zeit sind und naturbewusst, aber jemand, der sich stundenlang den Bart trimmt oder

Saftschorle aus einer Blumenvase schlürft und sich dabei besonders kultiviert vorkommt, ist in meinen Augen einfach lächerlich. Nicht mehr und nicht weniger. Da konnte ich mir nicht helfen. Ich musste beim Anblick an diese neue Riege aus Dandys, die bei uns vor den Cafés standen mit ihren kleinen Jäckchen und den perfekt gezwirbelten Bärten, einfach immer an kleine dressierte Affen denken.

Das alles dachte ich, als ich meinen Schirm in eine praktische Schirmtrockenmaschine steckte, beeindruckt von der taiwanesischen Eleganz. Überall gab es zum Beispiel 24-Stunden-Supermärkte und kostenloses WLAN. Ich darf wirklich nicht vergessen, mir diesen *Taipei-irgendwas-Turm* anzuschauen, dachte ich und weiter: Schade, dass ich noch kein Smartphone besitze. Wahrscheinlich war ich der letzte Reisende ohne Smartphone. Das, dachte ich dann, war das Dümmste, was du bis jetzt gedacht hast. Und bei meinen Gedanken war das fast schon ein Gütesiegel. Erst kürzlich hatte ich mich gefragt, ob – wenn ich eine Frau wäre und Ruth hieße – dann irgendwann mal auf meinem Grabstein stünde: *Hier ruht Ruth.*

Oder: *Ruht Ruth?* Und dann darunter: *Ruth ruht!*

Das mit dem Jetlag, dachte ich, während ich mich setzte, könnte sich noch zu einem ernsthaften Problem entwickeln. Es ist ja kein Problem, länger wach zu bleiben. Wer öfter mal am Wochenende tanzen geht, ist ja quasi ein Profi darin, um sechs Uhr ins Bett zu gehen, obwohl man normalerweise schon um null Uhr schläft. Das gehört quasi zur Weggehkultur. Zu Hause stellte ich mir selten einen Wecker. Um halb zehn in der Früh hatte ich oft noch nicht einmal einen Puls.

Richtig übel war es allerdings, auf einen Schlag um 18 Uhr, statt null Uhr ins Bett gehen zu müssen. Doch genau das musste ich. Und man würde es mir auf Dauer ansehen. Gestern hatte ich mich gefühlt wie ein Pudding, in den jemand mit der Faust gehauen hatte.

Nachdem ich meine Bestellung aufgegeben hatte, fuhr draußen eine kleine bunte Müllabfuhr vorbei. Sie spielte *Für Elise*. Da mir keine Zeit zum Essen blieb, ließ ich alles einpacken, schmetterte mir den Kaffee in die Visage und rannte zum Taxi, das schon seit fünf Minuten wartete.

Wie immer war alles top organisiert: Ein Fahrer würde mich zur Schule bringen, dort zwei Stunden draußen im Auto warten und mich dann wieder zurückfahren. Ich musste keine Adresse sagen, keine Zeit, wann ich zurück wäre. Ja, ich wusste ja nicht einmal den Namen unseres Hotels! Alles, was ich machen musste, war anwesend sein und eine Quittung unterschreiben. Fertig. Dieses Goethe-Institut, dachte ich, ist wirklich auf Zack.

In der Schule ging es sehr förmlich zu. Draußen standen *Securities*. Ich wurde aufgefordert, meinen Ausweis abzugeben, und bekam dafür einen Besucherpass. Dann begrüßten mich auch schon die Lehrer vor Ort. »Grüß Gott, Herr Spitz!« Ihr Deutsch war fantastisch.

Auf dem Weg zur »Bühne« – was ein Euphemismus für einen kleinen Bereich um ein Mikrofon irgendwo an einer breiteren Stelle des Flures ist – erzählten sie mir, die Schüler der *European School* in Taipeh seien zum Großteil Kinder von Eltern unterschiedlicher Herkunft. »Die meisten von denen, die hier Deutsch lernen«, sagte der knollengesichtige Schulleiter, »haben einen deutschen Vater oder eine deutsche Mutter.« Aha, dachte ich. *Bunga bunga*.

»Hallo«, stellte sich ein kleiner drahtiger Mann vor, »ich bin Flip. Wir hatten bereits E-Mail-Kontakt. Magst du Schokostäbchen?«
»Soll das ein Witz sein?«, fragte ich. »Ich *liebe* Schokostäbchen!«
Flip war vom Goethe-Institut gebeten worden, mich zu be-

treuen. Er übersetzte Brettspiele vom Chinesischen ins Deutsche, und ich muss gestehen, von unserer E-Mail-Korrespondenz her hätte ich einen dreißigjährigen Hippie mit langen, blonden Haaren und gebatikten Tüchern erwartet, der ausschließlich über Chakren und Heilkräuter spricht. Aber Flip war nicht nur klein und blass und höflich, sondern wirkte mit seiner Glatze eher noch wie ein kleiner Hooligan als ein kleiner Hippie. Da hattest du wohl mal wieder ein Vorurteil zu viel, dachte ich.

Generell gibt es eine große Brettspielkultur in Taiwan. Wegen nichts anderem trafen sich Leute in Cafés. Für Taiwan waren Brettspiele das, was die Zigarren für Kuba und Wirtshausparolen für Bayern sind.

»Willst du noch ein Schokostäbchen?«, fragte der Mini-Hooligan und streckte mir erneut die Tüte mit dem geringelten Trockengebäck unter die Nase.

Knabbernd und mampfend führte er mich zu einem Klassenzimmer, wobei er mir erklärte, dass in Taiwan nicht die Kinder die Klassenzimmer wechselten, sondern die Lehrer. »Das ist in Deutschland auch oft so«, sagte ich. »Ach, natürlich natürlich«, antwortete er fahrig. Ich hatte um einen Backstage-Raum gebeten, einen Ort der Ruhe, um mich in den uns verbleibenden 25 Minuten vorzubereiten. Um mich zu fokussieren, tief durchzuatmen und den Auftritt noch einmal im Kopf durchzugehen. Aber als ich dort war, verbrachte ich die komplette Zeit damit, die Wände zu inspizieren. Dort standen Dinge wie: *Wir sprechen deutsch. Wir sprechen deutlich. Deutsch macht Spaß! Jawohl!* Oder: *Die Wiedervereinigung hat mir ehrlich gesagt nicht so viel bedeutet.* Oder: *Hallo. Mein Spitzname ist: viele Spitznamen.* Das war irgendwie süß. Gleichzeitig kam mir Deutschland auf einmal so unglaublich fremd vor.

Was hat die Wiedervereinigung mir denn bedeutet? Ich musste an den Philipp aus der Schulzeit denken, der auf die Frage eines Geschichtslehrer, was denn bei der Wiedervereinigung passiert wäre, antwortete: »Ja, mei. Da sind halt ein Haufen Ossis nach Deutschland gekommen.«

Ist es nicht seltsam, dachte ich weiter, dass da irgend so ein Gebiet, dessen Grenzen schwammig und labbrig sind wie die einer Amöbe, einfach zusammengefasst und mit einem Etikett versehen wird? Noch dazu dieser Name, *Deutschland*, der so unendlich uninspiriert klingt. »Es ist ein Land, in dem deutsch gesprochen wird ... Nennen wir es ... DEUTSCH-LAND.« Wie einfallslos! Frankreich heißt ja auch Frankreich und nicht Französisch-Land.

Was wohl in einer Broschüre *How To Not Die In Germany* stehen würde? Wie man sich die Schuhe bindet und eine Weißwurst isst?

Der Auftritt begann um 13.40 und ging bis 15.00. Auf dem Weg zum Mikrofon fiel mir auf, dass an den Wänden überall *Keep-Calm*-Schilder hingen. *Keep Calm And Talk German. Keep Calm And Close The Door.* Und so weiter. Ich bin *calm*, dachte ich. Ich bin so was von *calm!* Aber bei den Schokostäbchen hätte ich noch mehr zulangen müssen. Und ein Kaffee fehlte mir auch. Außerdem ärgerte es mich, dass ich die Nachricht an meine Mutter heute Morgen nicht hatte zu Ende schreiben können. Über einer Werbung für die Theater-AG stand auf einem Schild: *Don't Keep Calm, Be Dramatic.*

Außerdem schien Tim Burton en vogue zu sein. Drei Mädchen trugen ein Shirt mit dieser Skelettfigur aus *Nightmare Before Christmas*. Ein weiteres Mädchen hatte ein Tim-Burton-Sketchbook in der Hand. Ich dachte an die Zeit zurück, da Tim Burton mein Lieblingsregisseur war. Mittlerweile fand ich ihn nur noch albern.

Zur Begrüßung trug ich einen Text vor. Dann erklärte ich, wie so ein moderner Dichterwettstreit aussieht.

»Habt ihr irgendwelche Fragen?«, fragte ich die Schüler. Ein kleiner speckiger Junge in der letzten Reihe meldete sich schüchtern. »Wie heißt du?«, fragte ich aus reiner Neugier.

»Odin«, sagte er.

»Schön«, sagte ich. »Und was willst du wissen?«

»Gibt es eine Obergrenze für Schimpfwörter, die man benutzen darf?«, fragte er.

Ich verstand nicht. »Nein«, sagte ich schließlich. »Du kannst theoretisch auch auf die Bühne gehen und fünf Minuten lang *ficken* sagen.« Die Schüler lachten. Sie schienen zu verstehen. Und wie um das zu demonstrieren, wiederholte ich fünfmal: *ficken, ficken, ficken, ficken, ficken.* Fünfmal tosender Applaus. Eine Lehrerin in der ersten Reihe, die ohnehin schon sehr finster dreinblickte, räusperte sich. »Aber das musst du natürlich nicht unbedingt machen«, fügte ich hinzu. »Schimpfwörter sind mehr so ein Gimmick.«

Betretenes Schweigen. In fünfzig kleinen Köpfen gingen fünfzig kleine Nadeln von fünfzig kleinen Schallplatten.

»Tatsächlich sehe ich Wörter mehr als eine Art Farben«, holte ich weiter aus. »Und Schimpfwörter sind dann eben grelle Farben. Eine Bühnenfigur muss immer auch ein bisschen krasser sein als eine normale Person. Und ein Bühnenpoet muss krasser reden. Zu einem Akrobaten würde man auch nicht hingehen und sagen: ›Du willst mit einem Motorrad über ein Seil fahren? Bist du verrückt?!‹ Weil das quasi der Job eines Akrobaten ist, verrücktere Dinge zu tun als normale Leute.«

Jetzt wird es aber sehr abstrakt, dachte ich. Generell war die Stimmung eher angespannt als ausgelassen. Wie in einem Ver-

hör. Alles war so technisch, so bürokratisch, und so voller Miss-
trauen.

»Wie lange brauchst du, um so einen Text zu schreiben?«, fragte
ein kleines Mädchen mit einem geringelten Pullover und kniff
dabei ihre Augen zusammen. Ich fragte sie nach ihrem Namen.
Sie sagte, sie hieße Tigerlily.

Dann antwortete ich: »Das ist schwer zu sagen.« Ich sagte das
sehr langsam, um Zeit zu schinden. Diese Fragestunde entwi-
ckelte eine komische Dynamik. Das hier, dachte ich, ist in etwa so
angenehm wie die Ukraine-Krise.

»Zuerst«, sagte ich, »schreibe ich die Texte meistens einfach
so runter. Wie sie mir gerade in den Sinn kommen. Aber dann
arbeite ich sie noch einmal intensiv um, wenn ich sie das erste
Mal vorgelesen habe. Ich streiche die schlechten Stellen und baue
die guten aus. Die Versionen, die ihr heute von mir gehört habt,
war die vielleicht zehnte oder fünfzehnte Fassung der jeweiligen
Texte. Ich schreibe jeden Tag, meistens morgens, gleich nach dem
Aufstehen. Ich stehe auf, frühstücke, trinke einen Kaffee. Und
dann setze ich mich an den Laptop und schreibe zwei Stunden.«

»An einem Bürotisch?«, fragte eine Lehrerin ungläubig.

»Nicht wirklich«, antwortete ich. »Aber das ist egal. Wichtig
ist, glaub ich, dass man sich selbst nicht zu hohe Ansprüche stellt.
Somerset Maugham hat mal gesagt: *Ich schreibe hauptsächlich für
den Papierkorb*. Und so ist das bei mir auch. Aber das ist überhaupt nicht schlimm. Eher wie bei einem Fußballspieler, der tausend Tore im Training schießt, um dann mal ein einziges in der
Champions League zu machen. Wisst ihr, was ich meine?«

Aber die Schüler waren in Gedanken schon wieder ganz wo-
anders. Und wer könnte es ihnen verübeln? Schließlich war
Nachmittag und die Stunde bald vorbei. Außerdem musste ich
inzwischen wie ein schäbiger Versicherungsvertreter wirken. Wie

ein Trottoirpoet, ein Pausenclown. Jedenfalls musterten mich die Lehrkräfte im Raum, als wäre ich ein Osterei.

Die Schüler wiederum beachteten mich kaum noch. Sie wippten nervös auf ihren Stühlen und wiederholten das Wort *ficken* freudig erregt.

Unspektakulär

Als ich auf der Fahrt über den Workshop nachdachte, fiel mir einmal mehr auf, wie skurril das eigentlich war, dass ausgerechnet ich jetzt regelmäßig als der Mann für Lyrik vor Schülern stand.

Ich konnte noch gut zurückdenken an eine Zeit, in der meine Deutschlehrerin das bei mir versucht hatte. Die Erinnerung daran schoss mir jedes Mal durch den Kopf, wenn ich einen Workshop hatte. Sie hing an mir wie Algen an einem versunkenen Schiff.

»Heute machen wir *Lüüü-rick*«, trällerte die Uschi-Glas-ähnliche Frau eines Tages. Aber noch bevor sie den Satz hatte beenden können, seufzte die hintere Reihe im Klassenzimmer, formte mit den Händen eine Pistole und gab sich einen imaginären Kopfschuss. Genau wie die Schüler in Taiwan schienen sie sich nicht vorstellen zu können, dass Lyrik etwas mit ihrem Leben zu tun hatte.

»Ruhe da hinten«, sagte die arme Frau. »Bitte etwas mehr Respekt. Lyrik ist ein sehr sensibles Thema, dafür braucht man einen freien Geist.« (Und die Jungen im Raum dachten sich: »Fuck. Schon wieder eine Sechs.«)

Nur ich ließ mich nicht aus dem Konzept bringen und schrie: »Super! Lyrik kenn ich:

Es beherrscht der Obulus
Seit jeher unsern Globulus

Mann mit Stolz
Zündet mit Holz

Calimero mit Sombrero
Typen aus Palermo
Wenn wir dich sehn sind wir sehr froh

Als ich fertig war, machte die Lehrerin einen Gesichtsausdruck, als hätte ich ihr gerade auf das Pult gekackt. Die Ausgeprägtheit meines Kulturverständnisses schien sie zu irritieren. »Lyrik … ist nicht … so«, sagte sie. »Lyrik ist der Versuch, eine tiefe innere Regung zum Ausdruck zu bringen. Lyriker sind Menschen, die mit Worten Musik machen.«

»So wie Scatman?«, fragte ich.

»Nein«, sagte sie.

»Was ist mit:

Bier macht dick
Schnaps macht krank
Ich bin Kiffer
Gott sei Dank

»Das ist keine Lyrik«, sagte sie. »Das sind Sprüche. Lyrik … ist … anspruchsvoller.«

»Wenigstens reimen sich die Sprüche«, sagte ich.

»Ja, aber das ist egal«, sagte sie.

»Okay, was ist damit?

Ihr Europäer versucht, krampfhaft nicht zu leben
Aber das so lange wie möglich

»Das … äh … ist gar nicht mal so schlecht. Von wem ist das?«

»Ach«, sagte ich abwinkend. »Das hat mal irgendein Indianer-häuptling zu mir gesagt, kurz bevor er mich um billigen Schnaps angebettelt hat.«

»Bei Lyrik geht es aber um Gefühle.«

»Also, so wie:

Piep, piep, piep.
Wir haben uns alle lieb

»Meistens sind es eher Botschaften, die euch vermittelt werden sollen.«

»Was ist mit:

Dodo war da
Dodo das ist der Hit
Dodo war da
Bei Dodo dodo ich mit

»Nein!«, sagte sie. »Aus!« Und spätestens jetzt wusste niemand im Raum mehr so recht, was abging.

»Lyrik ist ernst«, fuhr sie fort. »Lyrik handelt von Trauer. Ly-rik beschreibt die Schrecken des Krieges. Ein junger Mann stirbt in den Armen seines Vaters. Im Kühlschrank läuft der Joghurt ab. Lyrik hilft uns, das Unaussprechliche auszusprechen.«

»Also doch so wie Scatman«, sagte ich enttäuscht.

»Nein, nicht so wie Scatman!«, brüllte sie. »Das Konzept des lyrischen Ichs ist ein viel abstrakteres.«

»Das lyrische Ich?«

»Die Hauptperson in einem Gedicht.«

»Ist das nicht der Auto?«, schaltete sich jetzt auch eine sicht-lich irritierte Jana ein.

»Nein«, sagte sie. »Und das heißt Autor. Der Autor, die Autoren.«

»Ah, *Autorennen*«, sagte ein ganz kleiner Junge hinten und machte: »Brumm. Brumm.«

»Ist das lyrische Ich ein Erzähler?«

»Ja«, sagte sie. »Aber denkt doch nicht immer so schmal. Das lyrische Ich ist viel mehr als ein Erzähler. Es ist ein Symbol. Etwas, an das wir glauben können, das viel mehr sein kann als ein Mensch.«

»So wie Spiderman?«

»Mehr als Spiderman.«

»Ein rappender Spiderman?«, ließ ein Philipp vorsichtig verlautbaren.

Und daraufhin die Lehrerin: »Ich geb's auf. Ihr habt gewonnen. Das lyrische Ich ist ein rappender Spiderman, in den sich der Auto in der Nacht verwandelt, um durch die Nacht zu fliegen.«

»Sie sind wirklich billig«, sagte eine Lucy. »Spiderman fliegt doch nicht.«

Und in der nächsten Woche machten wir dann wieder Kommaregeln.

Schwein sein

Nach unserem Auftritt in der *Taipei European School* lud mich Flip zum Essen ein. Ich wusste nicht, was ich von der Reise noch erwarten sollte. Der erste Auftritt war absolut nichtssagend, der zweite nur knapp davon entfernt gewesen, ein waschechtes Desaster zu werden. Die Fragen waren viel zu hart. Es hatte sich weniger nach der Verbreitung von Interesse an Poesie angefühlt als mehr nach der Verbreitung von Ebola.

»Ist was?«, fragte Flip.

»Keine Ahnung«, sagte ich. »Lehrer. Wenn die keinen Bock auf mich haben, wieso laden sie mich dann überhaupt ein?«

Flip klopfte mir auf die Schulter. »Mach dir nichts draus«, sagte er. »Sie sind alt. Die Zeit ist definitiv auf deiner Seite.«

»Ja«, sagte ich. »Wahrscheinlich bin ich zu stolz. Zu perfektionistisch.«

»Wahrscheinlich«, sagte er. »Außerdem hast du Schokolade am Mundwinkel.«

Das Restaurant hieß übersetzt *Scharfes Rind*, und hier war der Name Programm. Tatsächlich schien das Einzige zu sein, was es in diesem Etablissement gab: scharfes Rind. Flip fragte nur: »Reis oder Nudeln?« Und: »Scharf oder sehr scharf?« Wonach er zur Theke hüpfte und bestellte. Ich war immer noch fasziniert von seiner Trollhaftigkeit. Irgendwie passte das sehr gut, dass dieser kleine Typ Brettspiele verkaufte, sah er doch selber aus wie eine Mensch-ärgere-dich-nicht-Figur.

»Manchmal«, sagte ich, als er zurückkehrte, »wird doch nach unten gelesen und manchmal von links nach rechts. Ist das richtig?«

»Du kannst auch von rechts nach links lesen«, sagte Flip. »Tatsächlich ist das die traditionelle Leseweise. Von rechts nach links und von oben nach unten.«

»Und wie unterscheidet man da?«

»Na ja«, sagte Flip. »Nimm mal die Karte hier. *Scharfer Sesam* würde keinen Sinn machen. *Scharfes Rind* und *Sesam-Salat* aber schon. Also liest man hier von links nach rechts. Du musst das immer aus dem Kontext heraus entscheiden.«

»Ist das nicht super anstrengend?«, fragte ich. Für mich klang das ein bisschen komisch. Wenn ich jetzt zum Beispiel die Wörter hätte

Liebe	Anne
Hündin	geht spazieren

Dann wüsste ich ja nicht, ob es heißt: *Die liebe Anne geht mit einer Hündin spazieren.* Oder: *Die liebe Hündin namens Anne geht – alleine! – spazieren.* Ich versuchte, Flip die chinesische Unschärfe anhand dieses hastig konstruierten Beispiels zu erläutern.

»Ach«, sagte er und machte eine Wink-Bewegung mit der Hand. »Das passt schon. Weißt du, Asiaten drücken sich so kompliziert aus, da ist die Schrift noch das geringste Problem.«

»Wie meinst du das?«, fragte ich.

Flip überlegte.

»Vor meiner letzten Reise nach Deutschland«, sagte er, »rief mich einer meiner besten Freunde an und sagte: ›Flip, du darfst mir auf keinen Fall diese leckere deutsche Schokolade mitbringen.‹ Ich hatte keine Ahnung, was ich machen sollte. Solche passiv-aggressiven Höflichkeitsfloskeln machen mich kirre. Schließlich ruft einen ja niemand an, um einen daran zu erinnern, dass man ihm nichts mitbringen soll. Noch dazu jemand, der einen gut kennt und weiß, dass man das wahrscheinlich eh vergessen würde. Wenn mich also mein bester Freund anrief – dachte ich –, um mir zu sagen, dass ich ihm auf keinen Fall etwas mitbringen sollte, musste das bedeuten, dass ich ihm etwas mitbringen sollte.

Also tat ich das, was jeder vernünftige Mensch tun würde: Ich fragte ihn, ob ich ihm wirklich keine mitbringen sollte. Gerade wo er mir gesagt hatte, sie wäre so lecker.

›Nein‹, wiederholte er. ›Auf gar keinen Fall.‹

Spätestens jetzt war ich richtig verwirrt. Und so kaufte ich ihm ein paar Tafeln Schokolade, weil ich dachte: Lieber ein bisschen Geld ausgeben als in ein Fettnäpfchen treten und irgendeine unheilbare soziale Wunde aufreißen. Und weißt du, was er gesagt hat, als ich ihm die Schokolade vorbeigebracht habe? ›Jetzt hast du mir ja doch Schokolade gekauft.‹ Aber er hat sich dabei gefreut. Spätestens da war ich fertig mit der Welt.

Ich glaube, manche Chinesen ziehen nur deshalb in den Westen, weil ihnen ihre eigenen Landsleute zu kompliziert sind.«

»Hm«, sagte und dachte ich. »Was ist mit Interpunktion? Die sieht man hier auch selten.«

»Aber es gibt schon Kommata und so«, sagte Flip, der ja selbst aussah wie ein menschgewordenes Komma. Bis jetzt waren alle Einheimischen, die ich getroffen hatte, erheblich kleiner als ich. Hätte ich Sebastian nicht kennengelernt, ich käme mir vor wie die größte Person auf dem gesamten muttergefickten Planeten.

»Zum Beispiel hier.« Er zeigte auf ein Ausrufezeichen.

»Oder hier.« Er zeigte auf einen kleinen Kringel, der mittig der Schriftzeichen gesetzt war und wohl einen Punkt darstellen sollte.

»Das ist ein Punkt?«, fragte ich.

»Ja«, sagte er.

»Es sieht mehr aus wie ein Donut«, sagte ich.

»Stimmt«, sagte er.

»Oder wie ein Bagel.«

Dann machte er eine Pause.

»Ich hab Bagels nie verstanden«, sagte ich. »Die sind so schwer zu beschmieren. Wozu das Loch? Da fällt immer alles raus.«

Während wir aßen, erzählte Flip seine Geschichte. Es war eine typische *Und-dann-ließ-ich-alles-stehen-und-liegen-und-zog-nach-Asien*-Geschichte. Eigentlich war Flip ein Lehrer, der in Bayern groß geworden war, aber in Nordrhein-Westfalen unterrichtet hatte. Auf einmal war ihm aufgefallen, wie wenig ihn der Erdkundeunterricht erfüllt hatte, und er fing an, Chinesisch zu lernen. Irgendwann begann er, dies zu studieren. »Und dann bin ich einfach nach Taiwan gezogen«, sagte er. »Und das macht mich jetzt hier aus: dass ich zwei Sprachen spreche.«

»Hört man dein Bayerisch raus, wenn du Chinesisch sprichst?«, fragte ich, an einem dicken Stück Rind herumschlotzend.

»Ich weiß nicht«, sagte Flip. »Aber es kommt mir sicher zugute. Die ganzen verschiedenen Vokallaute im Bayerischen können dir schon helfen. Im Chinesischen geht es ja vor allem um die Betonung. *Mama* zum Beispiel kann fünf verschiedene Sachen bedeuten – je nachdem, wie man es ausspricht. Dafür wird hier zum Beispiel nicht zwischen Singular und Plural unterschieden.«

»Seltsam«, sagte ich, »diese Chinesen.«

»Die *Taiwanesen*«, sagte Flip.

»Oh«, sagte ich, »mit denen will ich gar nicht erst anfangen.«

Dann aß ich einen zündholzschachtelgroßen Brocken Tofu.

»Wie war das Treffen mit Flip?«, fragte mich Sebastian später in der Metro, nachdem ich mich zwei Stunden ausgeruht hatte, was meine Laune merklich verbesserte. Man sagt ja immer, man sei so alt, wie man sich fühlt. Und ich fühlte mich jetzt zumindest wieder wie ein Mensch.

»Ganz gut«, sagte ich.

»Ist er *freaky*?«, fragte Sebastian. Wir waren auf dem Weg zu meinem ersten Auftritt in einem Goethe-Institut. Mit dabei war Lisa, eine neue Praktikantin.

»Na ja«, sagte ich. »Er verdient halt sein Geld damit, dass er Brettspiele übersetzt. Da muss er wohl ein bisschen *freaky* sein.« Ich überlegte kurz, wie das überhaupt gehen sollte, *Monopoly* ins Chinesische zu übersetzen. Aber auch Spiele wie *Elfenland* oder *Die Siedler von Catan* waren ja so dermaßen westlich, dass man sich fragen musste, ob es nicht klüger war, komplett neue Spiele zu erfinden. Auf der anderen Seite, dachte ich, haben wir in der Schule ja auch mit *Pokémon*-Karten gedealt. Oder unser Tamagotchi verhungern lassen. Ich konnte schon Glumanda von Glurak unterscheiden, da wusste ich nicht einmal, was Glutamat war.

Die Praktikantin Lisa, die im Übrigen von geradezu disney-hafter Niedlichkeit war, fing an zu kichern. »Ja, schon komisch, sein Geld mit Brettspielen zu verdienen«, murmelte ich. »Auf der anderen Seite verdiene ich mein Geld damit, dass ich Witze über meinen Penis mache. So ganz dicht kann ich da auch nicht sein.«

Apropos ganz dicht, dachte ich in dem Moment, als ich die Arme hob, um mich an den oberen Stangen der Metro festzuhalten. Wie riechst du denn, Thomas?

Von meinen Achseln ging ein extremer Schweißgeruch aus. Es roch, als hätte ich just einen Moschusochsen liebkost. Und dabei war es schlimm genug, dass ich mit meiner Basketballhose und dem bunten Pandabären-Shirt hoffnungslos *underdressed* war.

Noch war es ein kleines Lüftchen, ein Wind, eine feine Note, ein schlichter Gruß aus den Achseldrüsen, doch könnte sich diese Situation schon sehr bald in ein handfestes Malheur verwandeln, und ich wollte es nicht darauf ankommen lassen. Ich musste schleunigst etwas unternehmen.

Wir machten ein Selfie.

»Sebastian?«, flüsterte ich, als wir im Aufzug die dreizehn Stockwerke ins Goethe-Institut hochfuhren. »Rieche ich nach Schweiß?«

»Na ja«, sagte er. »Also ja, schon.«

»Wie schlimm ist es auf einer Skala von eins bis nicht so schlimm?«, fragte ich.

»Na ja«, sagte er.

»So schlimm?«, fragte ich und fuhr mir nervös über mein schwitziges Gesicht.

»Na ja«, sagte er wieder.

»Kannst du noch etwas anderes sagen außer: Na ja?«, fragte ich lachend. Daraufhin sagte er gar nichts mehr.

Im Institut trugen alle Anzug. Manche waren richtig *fancy*, mit Krawattennadel und Manschettenknöpfen und Einstecktuch – das ganze Brimborium. Sebastian trug zumindest Lederschuhe, Stoffhose und Sacko. Er sah vielleicht nicht aus, als wäre er frisch aus dem Musikvideo von *Blurred Lines* geschlüpft, aber zumindest wie ein Versicherungsvertreter, der Geburtstag hat.

Daneben sah ich aus wie ein versoffener Fußballcoach. Und ich roch wie die zugehörige Kabine. Zu allem Überfluss hatte ich das Gefühl, in den letzten zwei Wochen ein paar Kilo zugenommen zu haben. Wenn ich daran dachte, wie ich auf die Umstehenden – gerade die Frauen und Studierenden – wirkte, überkam mich ein geradezu krankhafter Ekel. Außerdem setzte mir der Jetlag zu.

Bis zu dieser Reise hatte ich mich für einen gut vorbereiteten Reisenden gehalten, einen Pilger, den nichts so leicht aus den Latschen kippen konnte. Aber jetzt war ich mir da nicht mehr so sicher. Alles wirkte auf einmal anders auf mich. Es war, als hätte ich ein neues Paar Augen.

»Bist du aufgeregt?«, fragte mich die zierliche Lisa, als sie mir ihr Büro zeigte. Es war sehr geräumig, und die großen Fenster boten ein fantastisches Panorama. Beim Blick nach unten wurde mir schlecht. Wir befanden uns im dreizehnten Stock.

»Nein«, brummte ich mürrisch und jagte einen Schnappatmer hinterher. Es wurde immer schlimmer. Mittlerweile stank ich so, wie ein Flugzeugessen schmeckte, und ich versuchte, meine Achseln bei jeder Bewegung so fest zusammenzukneifen wie nur irgend möglich. Aber jetzt zwei Stunden lang herumzulaufen wie eine Wäscheklammer würde anstrengend werden. So viel war klar.

»Aber weißt du schon, was du uns gleich präsentierst? Hier sind Leute, die sich schon seit zwei Wochen auf deinen Auftritt freuen.« – »Hm«, sagte ich mit Blick auf eine kleine Karte, die sämtliche Goethe-Institute zeigte. Auch in Chicago, der Geburtsstätte der Slam-Bewegung, gab es eines von insgesamt nur sieben Goethe-Instituten in den Vereinigten Staaten. Da musst du hin, dachte ich. Und ich beschloss, Herrn Schniebli, den Leiter des Instituts, bei Gelegenheit darauf anzusprechen.

»Ich weiß noch nicht, was ich mache«, sagte ich. »Aber Flip moderiert ja noch ein bisschen. Da habe ich Zeit, mir das zu überlegen.«

»Wow«, sagte sie und berührte auffällig meinen Arm. »Muss schon Wahnsinn sein, so ein gefeierter Künstler zu sein.«

»Na ja«, sagte ich und wischte mir erneut den Schweiß von der Stirn. Flirtete sie etwa mit mir? Verdammt. »Keine Ahnung«, dachte ich und sagte. »Geht so.« *Bla, bla, bla.*

»Du kannst es bestimmt kaum erwarten, das Publikum in Taipeh endlich in deinen Bann zu ziehen ...«

In Wahrheit konnte ich es kaum erwarten, mich endlich zu duschen. Oder zumindest mit einem Deo einzusprühen. *Italienisch duschen*, wie man so schön sagt. »Es gibt bestimmt viele Frauen, die ganz verrückt sind, wenn sie an deinen Lippen hängen«, sagte Lisa und kam mit ihrem Kopf meinem Kopf – und damit meiner Achsel – beängstigend nahe. Ich musste hier weg! Also schubste ich sie unauffällig von der Ausgangstüre in Richtung Kopierer und rannte zur nächstgelegenen Toilette.

Dort angekommen, rieb ich angefeuchtete Papiertücher an meinen Achseln herum und schnupperte danach hoffnungsvoll an selbigen. Doch es half nichts. Das Schweißproblem ließ sich so leicht nicht in den Griff bekommen: In ein paar Minuten würde ich meinen ersten hochoffiziellen Auslandsauftritt absolvieren. Und ich würde stinken wie ein Iltis.

Zurück im randvoll gefüllten »Veranstaltungssaal«, der kaum größer war als ein Klassenzimmer, wartete man bereits gespannt. Auch wenn das Deutschniveau unter den Anwesenden – wie mir Flip mitteilte – stark divergierte. Es gab einige Deutsche im Publikum, ein paar Taiwanesinnen, die sehr gut Deutsch sprachen, aber auch Asiaten in der ersten Reihe, die meiner Sprache nicht mächtig waren.

»Na, die werden ihren Spaß haben«, sagte ich, und Flip lachte. Er war ein bisschen aufgeregt und sah dadurch noch mehr aus wie die gleichnamige Figur in diesem animierten Insektenfilm für Kinder. Zum Glück stand er ein paar Meter weg und bemerkte nichts von meinen elendigen Ausdünstungen. Binnen weniger Sekunden hatte ich die Bühne eingenebelt. Ich versuchte, mich abzulenken. Doch dann fiel mein Blick auf Lisa, die immer noch etwas irritiert zu sein schien ob meiner plötzlichen Flucht. Sebastian hingegen grinste wie immer. Er war wohl der Einzige, der ahnte, wie ich mich fühlte. Und dann gab es da ja noch Herr Schniebli, den feisten Direktor des Goethe-Instituts, der mit seinem Spitzbart und dem runden Kopf aussah wie eine Mischung aus Karl Marx und dem Gesicht von der Pringles-Dose. Auf seinen Wangen breitete sich stetig ein bartloses Lächeln aus, als wäre es darauf verschüttet worden.

Der Auftritt lief gut. Bereits bei Flips Ankündigung gab es erste Lacher. Keine Ahnung, wieso. Asiaten haben – wenn man das so generell sagen kann – ohnehin einen recht sonderbaren Humor. So ganz dahintergestiegen, was hier als lustig galt und was nicht, war ich noch nicht. Dem muss ich bei Gelegenheit mal nachspüren, dachte ich. Immerhin schloss ich die Möglichkeit nicht aus, dass man hier ausschließlich verhalten und aus purer Höflichkeit lächelte.

Im Anschluss an den Auftritt durfte das Publikum wieder Fragen stellen. Zum Glück, dachte ich nur, sitzt Flip nicht mit mir auf der Couch und merkt, wie ich stinke. Überhaupt, die ganze Bühnensituation ist sehr komfortabel. Sobald das hier vorbei ist, werde ich nach unten springen und in einem der vielen 24-Stunden-Supermärkte ein Deo kaufen, und niemand wird je von den von mir entsendeten olfaktorischen Arschtritten erfahren. Niemand außer Sebastian. Und Lisa. Und die ersten drei Reihen. Von insgesamt sechs Reihen.

»Wie lange brauchst du, um so einen Text zu schreiben?« (Ich machte wieder den Vergleich mit dem Fußballer.) »Wie verdienst du dein Geld?« (Mit Auftritten und Workshops an Schulen.) »Verdienst du wirklich Geld?« (Ja.) »Und reicht das auch?« (Ja.) »Wie verdienst du noch mal dein Geld?« (*Bla, bla, bla.*) »Kannst du mir das beibringen?«

Zum ersten Mal hatte ich das Gefühl einigermaßen anzukommen. Zum Schluss sagte Flip noch: »Keine Angst. Nicht alle Deutschen drücken sich so kompliziert aus wie dieser hier.« Dann war der Auftritt vorbei. Na endlich, dachte ich. Nichts wie raus!

Doch auf dem Weg nach draußen wurde ich ein-zwei-dreimal aufgehalten. Zunächst von Herr Schniebli, der drei meiner Bücher kaufte, dann von einem Radiomann, der ein Interview für den deutschen Sender in Taiwan führen wollte und erneut die typischen Fragen abklapperte. Und dann von einem deutschen Geschichtsprofessor, der mir erst drei Witze erzählte und dann über die Geschichte Taiwans fabulierte.

Einer der Witze ging so: »Ein Däne und ein Schwede verstehen sich nie so richtig, weil der Däne immer Schwedisch spricht und der Schwede immer Dänisch. Die Sprachen sind nicht so unterschiedlich, aber keiner beherrscht wirklich die Sprache des anderen. Dann beschließen sie vor einem Wochenendtrip: Diesmal reden wir ausschließlich Englisch miteinander, um mal wirklich zu wissen, was der andere sagt. Und nach dem Wochenende trennen sie sich. Weil sie sich endlich verstanden haben.« Die anderen beiden Witze waren ähnlich virtuos.

Ich tat so, als ob ich lachte, und er fragte mich, ob ich auch einen Witz wisse. »Nein«, antwortete ich knapp. Irgendwo hatte ich mal gelesen, dass Tanzbären nur deshalb tanzten, weil sie auf heißen Metallplatten standen. Und genauso fühlte ich mich jetzt, hüpfte vom einen Fuß auf den anderen. Ich brauchte dringend Deo!

Doch mein Gesprächspartner ließ sich nicht aus dem Konzept bringen, erzählte mir ausführlich von den Ausschreitungen in Hongkong. In der ganzen Stadt, die ja eine ganz eigene Geschichte hat, war es in den letzten Tagen zu Krawallen gekommen, weil die chinesische Regierung die Einwohner der Stadt stärker kontrollieren wollte. Pikant war das Ganze, weil zurzeit

Goldene Woche war. Das ist so wie Weihnachten bei uns. Niemand arbeitet. Zusätzlich ist am 1. Oktober chinesischer Staatsfeiertag, an dem die Gründung der Volksrepublik China gefeiert wird. Schon in drei Tagen würde ich nach Hongkong reisen. »Dann schreibe ich noch ein paar grimmige Pamphlete«, witzelte ich.

»Du bist ziemlich mutig«, sagte der Geschichtsprofessor, nippte an seinem Glas Rotwein und aß verschmitzt einen Cracker. Meinen mittlerweile an einen Ziegenstall erinnernden Mief schien er nicht wahrzunehmen. »Auf der anderen Seite: Wann gibt es einen besseren Zeitpunkt, in ein Land zu reisen, als wenn dieses im Umbruch ist? Die Regenschirm-Revolution ist *jetzt*. Und dann nie wieder. Verstehst du? Du erlebst *Geschichte*.«

Jaja, dachte ich.

Unten an der Straße war die Situation denkbar unübersichtlich. Ich kam mir wieder vor wie im *Großen Krabbeln*. (Der Kinderfilm. Nicht die Dokumentation über Geschlechtskrankheiten.)

Als ich endlich einen Supermarkt fand, gab es dort in der Drogerieabteilung keine Deos, und mich beschlich ein ungutes Gefühl. Was, dachte ich, wenn es in Asien generell keine Deos gibt? Nein, dachte ich, so was darfst du nicht denken.

»Englisch?«, fragte ich den Mann am Kassenschalter. Er schüttelte den Kopf. Dann machte ich eine Sprühbewegung unter der einen Achsel. Er verstand nicht. Also machte ich eine Rollbewegung unter meinen Achseln. Wieder nichts. Dabei würde es genügen, käme er mal etwas näher und röche an meinen Drüsen. Aber darum kann man ja unmöglich bitten. Noch dazu bei einer Sprachbarriere.

Jetzt schien die Frau zu verstehen, die neben ihm saß und die ganze Zeit eher mit Kaugummikauen beschäftigt gewesen war. Aber sie schüttelte nur den Kopf. »Where?«, fragte ich und wie-

derholte eine der universalen *Ich-brauche-auf-der-Stelle-ein-Deo-*
Bewegungen. Kopfschütteln. Fuck, dachte ich und rannte zum
nächsten Supermarkt, wo ich zum Glück fündig wurde. Ich
kaufte gleich ein Sprüh- und ein Roll-Deo, zahlte und stahl mich
in eine dunkle Gasse, um mich von dem erniedrigenden Gestank
zu befreien, den Deo-Roller über meine Haut zu reiben, als wäre
es Engelsstaub. Es war ein befreiendes Gefühl. Ich sprengte alle
Ketten. Alle sozialen Erniedrigungen der letzten Stunden, alle
Scham, zerschlug ich mit einem flüchtigen Schwingen meines
Deo-Rollers. Es gibt wohl kaum etwas, das erniedrigender ist, als
zu stinken. Das ist noch schlimmer, als Hunger zu haben. Einen
Gestank vor sich her zu tragen wie eine Monstranz. Nein, das ist
wirklich nicht zum Aushalten.

Und jetzt war es endlich vorbei.

Zurück im zwölften Stock, kam ein verschwitzter Sebastian
auf mich zugerannt. »Wo warst du?«, fragte er. »Wir haben dich
die ganze Zeit gesucht.«

»Ja, weißt du«, sagte ich, »manchmal muss ich einfach für mich
sein … Ich hab trans- … äh … bin inspiriert. Und da musste
ich … einen Stift kaufen!«

»Aber wir haben doch Stifte hier.«

»Es musste ein besonderer Stift sein«, sagte Flip und zwinkerte mir zu. »Stimmt's?«

Danke, Flip, dachte ich. Wenigstens einer, der mich hier versteht.

Ich weiß nicht, ob mich mein Gestank in einem anderen Land
so gestört hätte. In manchen Teilen Brasiliens zum Beispiel war
man ja schon froh, wenn es mal nicht nach Scheiße stank.

Aber in ganz Taipeh ist es so sauber, dass man vom Boden der
Hauptstraße Eis lecken könnte. Öffentliche Gebäude waren geradezu steril. Ich meine: Die Leute tragen Mundschutz, um die

anderen nicht anzustecken. Beim Ausatmen. Taiwan war super-sauber. Und superungefährlich.

Sebastian hatte mir erzählt, dass er regelmäßig seine Laptop-tasche draußen am Fahrrad ließ, wenn er in einen Laden ging, um Dinge einzukaufen. »Hier ist es so ungefährlich«, sagte er, »dass man schon fast fahrlässig wird.«

Sinnloses Lied

Als ich einmal in der Buchhandlung war und mich nach *Die Leiden des jungen Werthers* erkundigte, schaute mich die junge Buchhändlerin achselzuckend an und fragte: »Von wem?«

Und recht hatte sie! Was ist das auch für ein Name: Goethe. Das klingt wie eine Mischung aus Tröte und Klöte.

Seit dem Tag, da ich gehört habe, dass Bühnenpoeten mit dem Goethe-Institut um die ganze Welt *jetten*, frage ich mich, ob Goethe selbst Slam überhaupt gemocht hätte.

Ich kann mir die Zeit, in der er gelebt hat, ja generell nur schlecht vorstellen. Ich meine: Der Dudelsack war mal cool. Noch einmal: der Dudelsack. Ein Sack, der dudelt.

Allein der Aufwand, den man damals betreiben musste, um ein Selfie zu verschicken, sprengt meinen Verstand! Erst ein Selbstporträt malen, dann einen Kutscher anrufen, wo er das verdammte Ding hinkarren muss – oder mehr noch: eine Taube dressieren, die zu einem Kutscher schicken mit den Worten: »Gespiele, überbringen Sie dieses Gemälde in einer achtzigtägigen Reise einem Kumpel mit dem Zusatz: *Läuft bei mir!*«

Aber als Autor muss es natürlich ein Traum gewesen sein. Nicht nur war man quasi der Einzige, der lesen konnte. Alles, was man damals geschrieben hat, wurde irgendwann zur Pflichtlektüre. Alles, was man gesagt hatte, kam irgendwann mal als Spruch auf einen Katzenkalender. Und alles, was man getrunken hat, war okay. Den Begriff *Alkoholiker* gab es nämlich noch gar nicht. Damals hieß es: *Alkohol-Kenner.*

Bücher gab es vielleicht fünf – so wenige, dass Leute damit gedealt haben. (Das waren die sogenannten *Roman-Ticker.*) Theater war noch so was wie die Wucht in Tüten. Und nicht eine Beschäftigungsmaßnahme für sexuell verwirrte Hartz-IV-Empfänger. Und der Dichterwettstreit hätte sicherlich funktioniert, wenn auch unter der Hinzunahme von ein paar zusätzlichen Regeln.

Zum Beispiel hätte man ihn unter dem Balkon einer holden Maid austragen müssen und nichts *beslammen* dürfen außer ihrem wallenden Haar. Das Zeitlimit hätte ein bisschen weniger straff sein müssen. Heute bewegen sich die Leute ja so schnell, dass man nie genau weiß, ob das jetzt der neue Dancemove ist oder eine ganz normale Epilepsie. Aber damals war alles langsamer, und man konnte schon einmal acht Stunden brauchen, um die Borste einer einzigen Warze zu besingen.

Im Mittelalter hätte man den Poeten zweifelsohne mit faulem Obst und Kraut bewerfen müssen. Und nach jedem zweiten Wort müsste man ein *Oh!* einfügen, unterstrichen mit der entsprechenden Handbewegung. *Oh, welch Wut, oh in meinem Busen raset!* Und so weiter.

Respect the Poet müsste dann *Speck the Poet* heißen, was nicht weniger wäre als eine Aufforderung, den Poeten auf der Stelle zu Speck zu verarbeiten. Und der Special Guest wäre einfach irgendein *Dude,* den man im Rahmen des Aufwärmprogramms hängte.

Selber schreiben müssten die Dichter ihre Texte dann selbstverständlich immer noch, aber anstatt sie vorzutragen, könnten sie sie auch rülpsen oder furzen.

Die spannendste Regel wäre aber zweifelsohne die Requisitenregel. Damals war es kein Problem mit Lockenperücke und Puderquaste aufzutreten. Heute muss man dazu schon aus einem besonders hippen Berliner Szeneviertel kommen. Welcher Mensch trägt heute bitte noch Gamaschen? Oder ein Trinkhorn? Oder einen Gamsbarthut? Gut, Goethe war Dichter und kein Schlagersänger. Aber vielleicht trug er Augenklappe und einen Papagei auf der Schulter und eine fette Uhr um den Hals, auf der stand: *Flavor Faust.*

Ja, vielleicht wäre Goethe auch einfach zu cool für Slam.

Vielleicht ist er mit seiner mit blauem Samt ausgekleideten Kutsche durch die Hood *gebouncet*. Zusammen mit seinen Homies Gotthold Lässig und Friedrich Skiller und einem fetten *Wu-Tang*-W auf ihren Pullis. (Aber bei ihm stand es nicht für *Wu-Tang*, sondern für *Weimar*.) Und wenn die Boys und Girls ihn *geliked* haben, hat er am Marktplatz seine neue Platte *gedropped*: Einfach eine Steinplatte mit einem Liebesgedicht draufgemeißelt. *Check die Gretchenfrage, bitch! Blas in die Zauberflöte!*

Vielleicht war Goethe mehr so Untergrund, ein *Vespersäckchen-Rapper*. Für die kleinen Klubs. Plumpsklos. Hühnerställe. Alles, was es damals eben so gab.

Vielleicht war Goethe wie *Haftbefehl*, und wenn er etwas gesagt hat wie »Alle Wege bahnen sich vor mir, weil ich in Demut wandle«, haben die Eltern ihren Kindern die Ohren zugehalten. Und wenn die Kleinen heimlich nachts Goethe lasen – mit einer Fackel unter der Decke und vor Freude glucksend –, bekamen sie Hausarrest.

Vielleicht hatte Goethe ja eine eigene Modelinie. Sie hieß *Mephisto*. Und alle coolen Kids hatten Topflappen und Pferdesattel mit einem entsprechenden Emblem. Und alle anderen hatten ihn irgendwie für *crazy* gehalten, weil er nicht ihre Sprache sprach. Sie hielten seine Texte für sinnlos, weil sie sie nicht verstanden. Aber Goethe dachte sich: Geht nur zu euren superhippen Dichterwettstreiten, ihr Nerds! Ich mach lieber richtige Literatur.

Alles nur geklaut

Wo war nur diese verfickte Einladung?

Um 18 Uhr sollte ich abgeholt werden. Jetzt war 17.55 Uhr. Und immerhin waren es die Feierlichkeiten des deutschen Instituts Taiwan zur deutschen Wiedervereinigung. Festlich würde es werden. Jedenfalls hatte ich eine richtige Hose an. Und roch nicht wie ein toter Vogel.

Schon am Eingang von Wendel's, dem deutschen Restaurant in Taipeh, wo die Feierlichkeiten stattfinden würden, stand eine kleine Blaskapelle in Tracht, die bayerische Gstanzl spielte. Keiner der Musiker sah asiatisch aus.

Alles im Wendel's wirkte billig und unecht. Wie in einer Deutschland-Achterbahn im Europapark. Im Eingangsbereich machte ein Akrobat Tricks mit seinem Fußball. Wie authentisch, dachte ich. In Deutschland kann man sich ja schließlich kaum retten vor Leuten, die in den Ecken herumstehen und Fußballtricks machen! Überall sieht man sie: In U-Bahnhöfen, am Imbiss, im Friseursalon, in den Trinkhallen, im Turnverein, beim Baden und in den S-Klassen alleinerziehender Mütter. Überall kleine Akrobaten, die Tricks mit ihrem Fußball machen. Manchmal gönnen sie sich noch einen kleinen Klecks Sauerkraut. Oder sie knuspern an einer Schweinekruste herum. Typisch deutsch halt.

Komisch, dachte ich weiter, ich kann mich nicht erinnern, den Tag der Deutschen Einheit jemals wirklich gefeiert zu haben.

Also mit einer großen Torte, aus der eine Tänzerin springt, oder einem Besäufnis oder so etwas. Und die geistige Brücke zwischen Wiedervereinigung und Oktoberfest hatte ich so auch noch nie geschlagen. Generell war ich noch nie auf dem Oktoberfest gewesen, obwohl ich ein gebürtiger Deutscher bin und Bayern mag. Einmal hatte ich in einem Flugzeug von Schweden nach München eine schwedische Reisegruppe miterlebt, die mit Filzhüten, Stofflederhosen vom Supermarkt und aufgeklebten Schnurrbärten Bloody Mary tranken, bis sie kotzten. Intensiver hatte ich dieses Fest, welches ja sogar in New York und Tokyo gefeiert wird, noch nicht erlebt. Aber auch damals dachte ich mir: Lederhosen aus Stoff, Hüte aus Filz und aufgeklebte Schnurrbärte. Das ist wirklich »typisch deutsch«. Das ist fast so, als würde man nach Simbabwe fliegen und sich vorher schwarz anmalen und einen großen Plastikknochen in die Haare zwurbeln.

Wir setzten uns an einen Tisch und tranken.

Auf einmal kam die Lehrerin vom katastrophalen Auftritt gestern und stellte sich als Isabella vor. Also die, die in der ersten Reihe gesessen hatte mit verschränkten Armen. »Mir hat es echt richtig gut gefallen«, sagte sie und nippte an ihrem Prosecco.

»Im Ernst?«, fragte ich. »Aber Sie saßen den ganzen Vortrag lang in der ersten Reihe mit verschränkten Armen und einem Gesicht, als wären sie untervögelt wie ein Erdkundelehrer.« Hatte ich das gerade wirklich gesagt? Egal, dachte ich. Weitermachen, Haltung bewahren. Ich blickte zu Sebastian, der sein Glück bei Lisa versuchte. Auch Hedwig war gekommen. Die hatte ich ja ganz vergessen.

»Untervögelt?«, sagte Isabella lachend. »Möglicherweise. Haha, nein, Scherz beiseite: Ich hatte viel Stress.« Ah, dachte ich. Stress. Die Universalausrede für einfach alles. Stress heute ist in etwa das, was Gott im Mittelalter gewesen sein musste. Ich schlage meine Kinder? Ich habe Stress! Mein Leben ist scheiße? Ich habe Stress. Man sieht mir das auch an? Stress! Die Erbse hat letzte Nacht ganz schön gedrückt? Muss dieser Stress gewesen sein ...

Wir starteten eine lebhafte Unterhaltung über Taiwan und Taiwans Geschichte und Isabella und Isabellas Geschichte. Es war wieder eine relativ typische *Und-dann-ließ-ich-alles-stehen-und-liegen-und-ging-nach-China*-Story. Vielleicht auch untypisch. So genau hörte ich nicht zu. »Aber dann musste ich weg«, sagte sie auf einmal. »Wegen der Luft.«

»Wegen der Luft?«, fragte ich und war in Gedanken kurz wieder bei meinen Achseln. »So schlimm?«

»Ja«, sagte sie. »Du machst dir keine Vorstellungen.«

»Oh, wenn du wüsstest«, sagte ich.

»Machst du auch Philosophie-Slams?«, fragte sie.

»Wieso nicht?«, fragte ich zurück. »Es gibt alle möglichen Arten von Themen-Slams«, gab ich mich diplomatisch.

Eigentlich mochte ich es nicht, wenn das Wort *Slam* missbraucht wurde für irgendwelche »bunte Abende«. Das Besondere war ja die Stimmung, die mit nichts erzeugt wurde als der ... ich nenne es mal ... *Magie der Sprache.* Diese Magie geht bei Themen-Slams flöten wie ein unmusikalischer Viertklässler.

»Ach, echt?«, fragte Isabella, obwohl das doch nun wirklich nicht besonders spektakulär war, was ich da erzählte. Und dann berührte sie mich am Handgelenk. Flirtete sie etwa mit mir?

»Was gibt es denn noch für Themen-Slams?«

»Alles Mögliche«, gab ich mich schwammig. Und konkretisierte dann: »Rap-Slams, Vegetarier-Slams, Integrations-Slams oder Slams zum Thema interkultureller Austausch. Deutsche gegen Franzosen oder so. Es gibt auch *Dead-or-Alive*-Formate, wo lebende Bühnenschriftsteller gegen tote antreten, die von professionellen Theaterschauspielern in Garderobe verkörpert werden. Das ist für uns sehr attraktiv, weil wir da Theatergagen bekommen.«

»Aha«, sagte sie interessiert.

»Einmal gab es eine Kontroverse«, sagte ich. »Weil Hitler bei den Toten auftreten sollte.«

»Aha«, sagte sie.

»Ist halt problematisch«, sagte ich. »Weil man dann Hitler quasi zu einem Poeten erklärt.«

»Das finde ich aber eigentlich ganz gut«, sagte sie. »Also spannend.«

»Ich auch«, sagte ich. »Wegen der Debatte und so.«

Isabella war in Ordnung. Jedenfalls glaubte ich, dass ich mich mit ihr in Deutschland rudimentär verstanden hätte. Also so verstehen, wie das mit einem Lehrer halt geht. Bis zur Oberstufe konnte ich mit Lehrern ja überhaupt nichts anfangen. Sie waren für mich eine andere Spezies, nicht nur einmal wünschte ich mir, es gäbe ein Lehrer-Getto, wo nur Lehrer leben und einkaufen, damit man in der Stadt im Alltag nie Gefahr laufen würde, einem Lehrer zu begegnen. Es gäbe dann Lehrer-Friseure, Lehrer-Bäcker und Lehrer für Lehrer-Lehrgänge. Und niemand käme je in die Verlegenheit, in seiner Freizeit einen Lehrer grüßen zu müssen.

»Gibt es bei Taipeh einen Dschungel?«, fragte ich.

»Ja«, sagte Isabella. »Du hättest bei der *European School* einfach nur ein bisschen weiter den Berg hochfahren müssen.«

»Das dachte ich mir«, sagte ich, »weil Borneo und Sumatra und Indonesien hier ja praktisch um die Ecke sind.«

»Ja«, sagte sie. »Also halt so, wie Rumänien bei Deutschland um die Ecke ist.«

Dann erzählte Isabella, dass die Schüler auf ihrer Schule ausschließlich deutsche Väter hätten. Den Fall asiatischer Vater, europäische Mutter gab es fast nicht.

»Ist das so?«, fragte ich und sagte dann reflexartig: »Bäh. Ist ja widerlich.«

»Ja«, sagte sie und wirkte dabei so verführerisch, wie das eine Deutschlehrerin in ihren »besten« – also nicht mehr ganz so guten – Jahren eben sein konnte. Ihre biologische Atomuhr tickte. Ich konnte es förmlich hören. Tick. Tack. *KRAWUMBRRRRZL* machte die Band vorne auf der bayerisch eingerichteten Bühne und stimmte zu einer verjazzten Version der deutschen Nationalhymne an. Dann hielt ein kleines Fräulein eine ungewöhnlich emotionale Rede.

»Germany won the world cup!«, brüllte sie und ballte die Faust, als wäre sie der Führer persönlich. Optisch erinnerte sie an so ziemlich jede Frau aus der Serie *Fargo*. Die Menge applaudierte. »The German unity day«, brüllte sie weiter. »Means celebrating freedom and unity … with superb German beer!«

Daraufhin hob sie ihren Krug, wuchtete ihn in die Höhe. Es sah absurd aus. Als wäre der Krug aus Metall und über ihrem Kopf ein Kernspintomograph. Fehlte nur noch, dass sie von der Wucht des emporschnellenden Kruges einen Hüpfer nach oben machte. Die Band spielte *Ein Prosit der Gemütlichkeit*. Und wir tranken einen großen Schluck.

»Germany«, brüllte sie weiter, »is Taiwans biggest partner in the EU. Germany is respected worldwide for its technology, its culture and its social achievemens. These days we signed the double holiday program and several tax agreements.«

»Yes«, unterbrach sie ein dicker Deutscher mit Hut. »Das Büfett ist eröffnet!«

Das ließ sich die Menge nicht zweimal sagen. Politik ist eben immer nur so lange spannend, wie es nichts zu essen gibt. Postwendend bildeten sich große Ströme in Richtung der Würstchen,

Bratkartoffeln, Spätzle, Braten und Hendl, alles natürlich umsonst.

»Das«, sagte ich zu Herrn Schniebli, der zufällig hinter mir stand, »ist, glaub ich, die beste Interpretation deutschen Essens, die ich jemals gesehen habe.« Zum ersten Mal kam es mir so vor, als hätte Deutschland kulinarisch wirklich etwas zu bieten. Also nicht nur Schweineabfälle und Kartoffelabfälle – gebraten in Fettabfällen. Alles wirkte so fluffig, lieblich und leicht. Hier ein Bratwürstchen, dort eine Krokette. So ließ es sich aushalten.

Auf einmal stand der Geschichtsprofessor von gestern hinter uns. Also der mit den »Witzen«. Wobei man hier aus den Gänsefüßchen eigentlich *Gänsefüße* machen müsste, böte die deutsche Interpunktion diese Möglichkeit. Oder besser: *Gänsepranken*. Die Extremitäten einer Monstergans, einer Wer-Gans, die sich bei Vollmond in ein schnatterndes Biest verwandelt und Kinder frisst.

»Wo geht die Reise sonst noch hin?«, fragte er interessiert, sich – nicht weniger interessiert – Gurkensalat auf das feine Porzellan schaufelnd. Auf allen Tellern bildeten sich Marge-Simpson-Frisur-ähnliche Türme von Essen.

»Nach China«, sagte ich.

»Wirst du da nicht zensiert?«

»Keine Ahnung.« Komisch, dass ich mir darüber nie Gedanken gemacht hatte. Zwar enthielten meine Texte selten klar formulierte politische Botschaften, jedoch immer wieder versteckte, kritische Passagen wie: *Deutsche Comedy ist so schlecht, dass ich mir oft schon nach fünf Minuten anschauen denke: Vielleicht hätten die Alliierten nie abziehen sollen.*

Bei der Reisevorbereitung hatte ich keinen einzigen Text einreichen müssen. Wieso eigentlich nicht? Wie hoch war die Wahrscheinlichkeit, dass ich in China einfach verschwinden und in ein Arbeitslager gesteckt werden würde?

Der Professor wiederholte abermals, wie sehr es ihm gestern gefallen habe. Und mir war nicht ganz klar, ob ich die Tatsache, dass er meine Arbeit schätzte, nun als Kompliment oder Beleidigung auffassen sollte. Wenn dich eine uncoole Person cool findet, bist du dann cool oder uncool?

»Wissen Sie was? Ich schenke Ihnen mein Buch«, sagte ich.

»Ach Quatsch! Ich würde auch eines kaufen. Schade, dass Sie keines dabeihaben.«

»Oh doch. Ich habe gleich welche hier im Rucksack bei der Garderobe.«

Ein alter Trick. Auf diese Weise hatte ich fast schon die viertausend Neuen Taiwan-Dollar zusammen, die ich benötigen würde, um die letzte Hotelnacht zu bezahlen. (Diese wurde aus irgendeinem Grund nicht vom Goethe-Institut übernommen. Etwas, das ich vor Reiseantritt vielleicht hätte wissen sollen.) Wir unterhielten uns über *Faserland* von Christian Kracht.

»Früher«, sagte der Geschichtsprofessor, »war die Welt noch einfacher. In Deutschland haben sich alle geduzt. Also in gewissen Kreisen. Wir waren Punks. Aber dann hat sich alles zerfasert. Deshalb auch *Faserland*, verstehen Sie? Gleichzeitig ist es ein schlecht ausgesprochenes *Father-Land*. Also Vaterland, verstehen Sie?«

»Interessant«, sagte ich, an einer Bockwurst knabbernd. So hatte ich das jetzt auch noch nie gesehen.

»Die Jugend«, sagte ich, »in Deutschland ist leider nicht mehr so wild. Wir versuchen krampfhaft, Strukturen zu schaffen für junge Künstler. Aber da kommt nichts nach. Keine Energie.«

»Denen fehlt halt der gemeinsame Feind«, sagte der Geschichtsprofessor weise. »Das verbrüdert.«

»Vielleicht«, sagte ich. »Bei den intellektuellen Frauen ist das noch anders. Die sind ehrgeizig. Und haben Feuer.«

»Das deckt sich doch ganz gut mit meiner These!«, rief der Professor. »Die Frauen haben noch einen gemeinsamen Feind:

den Mann. Den Sexismus. Aber mal was anderes: Wie sind Sie zu dieser Reise gekommen?«, fragte der Professor.

»Äh. Gute Frage«, sagte ich. »Aber es ist schon sehr spät, wissen Sie? Ich muss los.«

Die Party neigte sich langsam, aber sicher dem Ende zu. Ich saß auf einer Bierbank mit Sebastian, Hedwig und Lisa. Ersterer flirtete überraschend freizügig mit zwei asiatischen Stewardessen. Auf der Skala von Daniel Düsentrieb bis VWL-Student war er mit verblüffender Geschwindigkeit in Richtung Ökonomie geschossen. Vielleicht lag das auch an dem perfekt sitzenden blassblauen Hemd. Jedenfalls wurde mir klar: Ganz egal, ob wir in Deutschland Freunde wären oder nicht, hier in Taiwan war er definitiv der Coolere von uns beiden. Es gab so viele Punkte, in denen ich mich verbessern wollte.

Weil es schon 21 Uhr war und mich schleichend die Langeweile heimsuchte, beschloss ich, einen Glaskrug mit der Aufschrift *Oktoberfest Taipeh 2014* zu klauen. Das erlaube ich mir jetzt mal, dachte ich und holte meinen Rucksack, um auf die Toilette zu verschwinden. Dort angekommen, putzte ich das volkstümliche Accessoire und ließ es dann in meinen Rucksack gleiten. Zurück an der Bierbank, packte mich ein Security am Arm.

»Do you have a mog?«, fragte er.

»Amok?«, fragte ich und tat so, als würde ich nicht verstehen.

»A mug«, wiederholte er.

»A mark?«, fragte ich. »Also wissen Sie. Ich sag ja immer: *Das geht durch* Euro *und Bein.*«

»A mug«, wiederholte er, denn er konnte kein Deutsch.

»Ähmg«, stammelte ich und zuckte mit den Achseln.

»You can't just take it.«

»Hm. Maybe I have klau-strophobie.« Es entstand ein kleines Päuschen.

»But you can pay.«

»Ah«, sagte ich. »That's interesting. How much would that be?«

»*200 New Taiwan Dollars.*«

Das waren fünf Euro. Ein Schnäppchen!

»Of course«, sagte ich und bezahlte.

Unglaublich, dachte ich beim Rausgehen, wie höflich die Leute hier sind! Sie lassen mich lieber einen Preis für einen geklauten Gegenstand bezahlen, als mich zu verknacken, weil ihnen das sonst peinlich wäre! Keine Frage, Taiwan ist ein unterschätztes Land, dachte ich und bekam zum Dank noch eine kleine Tüte mit allerlei Krimskrams darin in die Hand gedrückt. Darunter war eine Deutschlandfahne. Was sind das nur für hässliche Farben, dachte ich. Generell wurde es mir langsam zu bunt mit dieser ostasiatischen Germanophilie.

Aber bald bin ich in China, dachte ich, als ich mich von den anderen verabschiedete. Schon sehr bald.

Kein Liebeslied

Meddow ladet mich zu einem Filmabend ein.
Der Film heißt ~~Die Blechtrommel~~ Junimond.
Ich sage: »Nein danke. Ich habe gar keine Lust für Liebesgeschichten.«
Und die Moral von der Geschicht: Was ich nicht weiß, macht mich
nicht heiß.

So viel Spaß für wenig Geld

Der Jetlag war unerträglich. Obwohl ich körperlich am Ende war, lag ich bis drei Uhr wach. Diesmal wollte ich keine Schlaftabletten nehmen, deren leberschädigende Wirkung auch ohne Alkohol schon schlimm genug ist.

Um vier beschloss ich endgültig, auf die Leber zu scheißen, und nahm gleich drei Schlaftabletten hintereinander. Trotzdem schlief ich erst ein, als die Sonne wieder aufging. Und war beim Frühstück der fertigste Mensch auf dem Planeten. Ich sah aus wie ein Blobfisch. (Wer noch nie ein Foto von einem Blobfisch gesehen hat, sollte das an dieser Stelle nachholen.)

Die 6 500 Neue Taiwan-Dollar in meiner Tasche reichten genau für die letzte Nacht im Hotel, die ich vorschießen musste, da sie von China übernommen werden würde, und die anschließende Taxifahrt zum Flughafen. Zum Glück hatte ich dem Professor, Sebastian, Lisa und Hedwig noch je eins meiner Bücher andrehen können, dachte ich. Und stieg gespannt in den Flieger nach Guangzhou, was übrigens wie »Guang-Dschouh« ausgesprochen wird.

Schnitt. Wieder Flugzeug. Wieder ätzend. Und trotzdem wurde ich träumerisch, als ich dem wie eine Vorhaut am Horizont zusammenschrumpelnden Taiwan hinterherblickte. Dann erst fiel mir ein, dass ich etwas vergessen hatte: den Taipei-irgendwas-Tower! Aber wahrscheinlich, dachte ich weiter, ist der dann doch gar nicht so spektakulär, wie man sich ihn vorstellt. Das ist ja oft so, dass man sich zum Beispiel denkt: »Freiheitsstatue, da musste hin.« Und sobald man dann davorsteht merkt man, dass sie viel kleiner und blasser ist als im Prospekt, und man denkt sich: »Aha. Joa. Passt. Kommt da noch was oder war's das jetzt.«

Im Großen und Ganzen, dachte ich schließlich, konnte ich nicht klagen. Ja, bis jetzt hatte alles erstaunlich gut geklappt. Ob er noch kommen würde, der große Kulturschock?

Ich hatte ja keine Ahnung! Schon am Flughafen Guangzhou, der im Pink neumodischer Fußballschuhe erstrahlte, nahm das Unheil seinen Lauf, als ich nicht nur sehr lange, sondern auch sehr vergeblich nach einem Schild mit meinem Namen drauf suchte. Wurde ich überhaupt abgeholt? Ich telefonierte kurz mit einer mysteriösen Person und stellte fest: Nein, ich wurde nicht abgeholt. Und auch um Bargeld würde ich mich erst einmal selbst kümmern müssen. Dabei wusste ich nicht einmal, wie die chinesische Währung hieß. Yen? China-Dollar? Maoam?

Mit 380 *irgendwas* in der Tasche schlurfte ich zu einem Hotelschalter im Inneren des Flughafens. Ob ich gleich nach Hongkong fahren sollte? Nein, das machte keinen Sinn. Es war schon 17.30 Uhr. Hongkong war doppelt so teuer und noch mal mindestens eine Stunde weiter weg als ein Hotel in der Innenstadt von Guangzhou. Außerdem musste jetzt ja Rush Hour sein. Dazu noch Freitagabend. Und diese Goldene Woche. Und die Riots. Würde ich mich jetzt nach Hongkong aufmachen, könnte alles Mögliche passieren.

Die Dame am Hotelschalter des Flughafens, was so eine Art Reisebüro für lokale Hotels war, sprach ein miserables Englisch. Genau wie ich. Wahrscheinlich war sie einfach nur müde. Lustlos zeigte sie mir Broschüren von Hotels und schrieb jeweils den Preis daneben. Optisch war sie so eine Art chinesische Uschi Glas.

»In Euro?«, fragte ich auf Englisch beziehungsweise Deutsch. Der Umrechnungsfaktor schien eins zu sieben zu sein, was mich an das Halbfinale gegen Brasilien erinnerte. Ein gutes Zahlenverhältnis.

»Wie viel kostet dann das Taxi in etwa?«, fragte ich die Frau. Nach einem längeren Gespräch bekam ich raus, dass der Fahrer aufgrund der Rush Hour den Highway würde benutzen müssen.

»Hundertachtzig«, sagte sie.

Das erschien mir plausibel. Ich bezahlte das Hotelzimmer, was auf bemerkenswerte Weise wieder genau dem Betrag entsprach, den ich bei mir hatte, und ließ mir einen großen lila Quittungsschein aushändigen. Auf die Rückseite schrieb die Frau ein paar Zeichen. Das war dann wohl die Adresse. Dann holte ich mehr Geld.

Noch am Schalter schnappte ein kleines Männlein meinen Koffer und verlud ihn auf einen Gepäckwagen.

Ich marschierte zu einer nahegelegenen Rolltreppe. Oben fragte ich: »How much?« Der kleine Mann fragte nach der Adresse, ich gab ihm den lila Schein. Da er kein Englisch konnte, tippte er eine Zahl in sein Handydisplay. 350.

»Nono«, sagte ich.

»Wait.« Ich nahm das Handy, löschte die Zahl und tippte 150 hinein.

»Nono«, sagte der kleine Mann kopfschüttelnd, nahm wieder das Handy und tippte 300. Ich tippte wieder 150, der kleine Mann tippte 300, und so ging das ein bisschen hin und her, bis wir uns auf 250 geeinigt hatten.

»Scheiß drauf«, dachte und sagte ich, weil mich ja sowieso niemand verstand, »250 durch sieben sind jetzt auch nicht die Welt. Ich will endlich irgendwo ankommen!«

Draußen schmiss das Gepäckmännchen meinen Koffer in einen Minivan, der aussah wie der rasende Falke. Alles klapperte und blinkte. An der Decke des Wagens hing ein Ventilator, der kleine Fusselflocken durch den Raum wirbelte, Gurte gab es null. Kurz nachdem ich mich auf die Rückbank gesetzt hatte, stieg vorne eine Frau ein. Sie hatte einen strengen Businessrock, aber nackte Beine.

»200«, sagte das Männchen zu ihr und streckte den Daumen hoch. »Nonono«, sagte sie. »150.«

»200«, sagte das Männchen wieder lächelnd und gab dem Fahrer ein Zeichen, dass er losfahren würde. »Nono«, sagte sie wieder.

Wir stellten uns einander vor. Sie sprach entweder extrem schlechtes Englisch oder hieß wirklich Foxy. Außerdem kam sie gerade aus Frankreich und war über Frankfurt geflogen. Dafür reichte ihr Englisch noch aus. Ansonsten schien auch sie ein bisschen neben der Spur zu sein. Nach einer längeren Pause sagte sie gefühlte zwanzigmal »Three?«, bis ich verstand, dass sie nach dem Datum fragte. In diesem Moment steckten wir auch schon in einem großen Stau. Der Fahrer fluchte, er schrie förmlich, was okay war, weil ihn sowieso niemand im Auto verstand. Es dauerte eine Ewigkeit. Und die Chinesen schienen sich nicht an irgendeine Verkehrsordnung zu halten. Auch Foxy seufzte. Da war er also, der Kulturschock.

Das Abenteuer ging jetzt erst los. Diesen Eindruck jedenfalls konnte man bekommen, nachdem man einen prüfenden Blick in den Mund des Taxifahrers warf, während dieser sich nach hinten drehte und laut fluchte. Sein Zahnfleisch – das Einzige an ihm, das noch schlechter war als sein Englisch – war so dermaßen desolat, dass es an den Rändern blutete. Etwas Derartiges hatte ich noch nie gesehen. Und ich hatte schon viel gesehen und gehört. Immerhin war meine Schwester Zahnärztin.

Nachdem Foxy ausgestiegen war, stellte sich heraus, dass der Fahrer die Schriftzeichen auf dem lila Quittungsschein nicht lesen konnte. Entweder die Frau am Hotelschalter hatte einen Fehler gemacht oder er oder beide. Und auf einmal war das Geheul groß. Denn weder der Fahrer noch ich hatten eine Möglichkeit, am Schalter im Hotel anzurufen. Und das Zimmer hatte ich ja schon bezahlt. Die einzige Chance auf Rettung, darauf, irgendwo anzukommen, stand auf dem lila Schein – kodiert in ein paar Zeichen, die mir gänzlich fremd waren.

»Was soll das?!«, schien er mir immer wieder ins Gesicht zu schreien, und ich konnte nichts machen, als auf meine Ohren zu zeigen und mit den Achseln zu zucken und ruhig auf Englisch zu wiederholen, dass ich nicht verstand.

Der Fahrer wurde immer verzweifelter. Jedes vorbeifahrende Taxi hupte er an in der Hoffnung, an Informationen zu gelangen, aber die Kollegen schienen sich einen Dreck für ihn zu interessieren. So wie sich in China generell jeder einen Dreck für jede andere Person interessiert, die nicht er selbst ist. Eine Solidarität zwischen den Fahrern wie zum Beispiel in Brüssel schien es hier nicht zu geben. Der Fahrer fuhr in eine dunkle Gasse, kurbelte die Fenster hoch und stieg aus. Er schrie und fluchte, einem fauchenden Raubtier gleich.

Zudem sah es so aus, als müsse ich das, was Taipeh an Sauberkeit vorgeschossen hatte, hier teuer zurückbezahlen. Die von Leuchtreklamen beschienenen Straßen sahen aus wie die Bühne bei einem *Deichkind*-Konzert. Und es roch wie die Toiletten bei einem *Deichkind*-Konzert. *Yippie, yippie, yeah.*

Plötzlich kam der Fahrer lachend auf mich zugerannt. Er öffnete die Türe und gab mir zu verstehen rauszugehen *Da vorne!*, schien er immer wieder zu sagen. *Gleich dort ist es! Wir sind da! So ein Zufall!*

»Nein, nein, nein«, sagte ich. »Sie wollen mich rausschmeißen. Aber ich bezahle nicht, ehe ich nicht direkt vor dem Zielort stehe!«

Und obwohl er kein Wort von dem verstand, was ich sagte, kapierte er sofort. Manche Tonfälle scheinen universell zu sein. Wie Oreo-Kekse. Oder Sekretärinnen.

Der Fahrer beriet sich mit einem Polizisten und fuhr durch zwei Seitengässchen. Und tatsächlich. Auf einmal stand ich direkt vor einem Hotel. Das heißt vor einem Portier irgendwo in der Fußgängerzone.

»Eight«, sagte der Fahrer immer wieder, schrieb eine Acht in die Luft und zeigte auf den Aufzug.

»Im achten Stock?«

»What do you want?«, fragte ein Portier kurz darauf in mäßigem Englisch, das trotzdem zehnmal so gut war wie alles, was ich seit dem Flug gehört hatte. Ich gab ihm den lila Schein.

»Hm«, sagte er stirnrunzelnd. »No«, sagte er und schüttelte den Kopf.

»No?«, fragte ich ungläubig und er schaute noch einmal hin.

»Aaah«, sagte er. »Yes, yes.«

Als sich die Aufzugtür öffnete, stand ich in einer prunkvollen Empfangshalle. Die Wände und Decken waren aus Messing, die Türknäufe aus Gold, der Boden aus Marmor. Es war völlig absurd. Die Damen an der Rezeption sahen aus wie chinesische Supermodels. Dieses Hotel – von unten nur eine Aufzugtür in einem Berg aus Müll – war nicht weniger als ein kleiner Palast. Mit vielen hundert Zimmern.

Na ja. Zumindest oberflächlich war es ein Palast. Das Gold war natürlich kein echtes Gold, der Marmor lackiertes Holz und das Wartesofa hart wie altes Brot und stinkend wie ein Pelzmantel, der fünfzig Jahre auf dem Dachboden gelegen hatte. Immerhin.

Ich erledigte die Formalitäten, ließ mir den WLAN-Code geben und ging auf mein Zimmer. Ich ließ mich erschöpft in das Bett fallen. Ein Blick auf die Uhr sagte: Insgesamt musste ich über zweieinhalb Stunden mit dem Taxi unterwegs gewesen sein. Aber das war okay. Ich war nicht tot.

Mein
Portemonnaie

Mein liebes Geld.
Meistens begleitest du mich.
Du liegst in meiner Tasche
Aber immer alleine.
Du hast viele Geschwister.
Sie heißen fünf Yuan, zehn Yuan,
zwanzig Yuan, fünfzig Yuan und
hundert Yuan.
Bei mir hast du seltene Chancen
sie zu treffen.
Denn ich bin eine Arme.

Vergammelte Speisen

Ich loggte mich im WLAN ein. In Taiwan hatte Facebook einwandfrei funktioniert. In China war das angeblich anders.

Tatsächlich: Schon meine Startseite *google.de* wurde nicht geladen. Es war grotesk. Ganze zehn Minuten dachte ich, ich hätte kein Internet. Alles schien superlangsam zu sein. Als müssten einem kleine Eichhörnchen die Bytes einzeln zum Bildschirm tragen.

YouTube funktionierte nicht. Jesses, dachte ich. YouTube! Was wäre das Internet ohne YouTube? Ja, was wäre mein Leben ohne YouTube? Und selbst YouTube-ähnliche Portale wie Vimeo und soundcloud wurden nicht geladen. Ein Netz – sagt man ja – bestehe im Grunde aus zusammengenähten Löchern. Das chinesische Netz glich mehr einer Welt aus *Rick And Morty*: Eine Qualle hier, eine Falltüre dort, und stündlich schienen sich die Gesetze der Physik zu verändern.

CNN funktionierte, *tagesschau.de* auch. Na immerhin. Auch wenn das offen gestanden das erste Mal war, dass ich die *CNN*-Homepage besuchte. *Yahoo* funktionierte, *googlemail* nicht. Selbst *bild.de* funktionierte nicht. Ein System hinter der Zensur erkannte ich nicht. Vielleicht war *Yahoo* erlaubt, weil *Yahoo* klingt wie der Ausstoß eines asiatischen Kampfsportlers beim Zuschlagen. *Ya-Hoo!*

Was mich ein bisschen stutzig machte: Selbst sämtliche Seiten, mit denen man die Sperren angeblich umgehen konnte, die ich mir davor rausgesucht hatte (wie *proxy.com*) waren gesperrt. Und dabei war ich auf das Internet angewiesen! Zu Hause wartete weltbewegende Arbeit auf mich! Zum Beispiel würde ich die Tage einen Drehbuchentwurf gegenlesen müssen. Der Film hieß *Sharkula*, und es ging darum, dass Sharkula – eine Mischung aus Dracula und einem Hai – durch Regensburg stolzierte und Leute ermordete. Die Hintergrundstory war in etwa die, dass Dracula von einer Klippe gestürzt und direkt in einen geöffneten Haischlund gefallen war. Der fertige Sharkula war dann im Prinzip ein als Dracula geschminktes Gesicht in einem Karnevalskostüm von einem Stoffhai.

Jetzt galt es, zumindest einen Weg zu finden, den Leuten zu sagen, dass meine Kommunikation massiv eingeschränkt war und *googlemail* nicht funktionierte. Sharkula ging mir nicht ins Netz.

Ich recherchierte. Zwischen Google und der chinesischen Regierung gab es seit Jahren ein Hin und Her. Doch auch die meisten Infos hierzu wurden geblockt. Ein Leser schrieb: *I'm in China right now and it's getting worse and worse with the Chinese net. It's because of the »elections« here.* Ich goutierte die Verwendung der Gänsefüßchen mit einem innerlichen Schmunzeln. Gänsefüßchen erinnern mich immer an diese Schilder, bei denen Leute Gänsefüßchen falsch oder zur Markierung verwenden. Wo dann zum Beispiel bei einem Gemüseladen steht: *Hier gibt es »frisches« Obst!*

Auf einer Seite stand, andere Versionen von Google würden funktionieren, doch auch als ich hoffnungsvoll *google.co.uk* eintippte, wurde ich enttäuscht. Besonders nervig an diesen Blockaden war, dass man nicht einmal gesagt bekam, dass man blockiert wurde. Wenn da wenigstens ein lustiges GIF aufgetaucht wäre mit einem Chinesen, der mit erhobenem Zeigefinger wackelte und etwas sagte wie: *Nein, nein, du kleiner Schlingel!*, dann hätte das ja noch einen gewissen Charme. Aber so wusste man als Endverbraucher nie, ob die Seite jetzt »offiziell verboten« war oder einfach nur nicht funktionierte.

Ob das in Hongkong anders wäre? Und wer entschied eigentlich, was verboten wurde und was nicht? Hatte das etwas mit der Regenschirm-Revolution zu tun? Wie viele Fragen verträgt ein Absatz?

Ich recherchierte weiter. Angeblich weiteten sich die Proteste in Hongkong weiter aus. Vergangene Nacht war es zum ersten Mal zu Waffengewalt gekommen. Natürlich war es schwer, etwas darüber im chinesischen Netz zu finden. Bei der Suche stieß ich auf ein Video auf *Spiegel Online* über den Anführer der Regenschirm-Bewegung, die so heißt, weil die Regenschirme vor Pfefferspray schützen. Er war siebzehn Jahre alt und Gründer einer App, die Firechat hieß und mit Bluetooth funktionierte. Also auch dann, wenn die chinesische Regierung das Netz sperrte. In Hongkong war diese App allein in der letzten Woche zigtausend Male heruntergeladen worden. Na, das kann ja was werden in Hongkong, dachte ich. Wobei mir der Gedanke eines fast zehn Jahre jüngeren Revolutionsführers tiefen Respekt abverlangte.

Bei meiner Suche im Netz stellte ich fest, dass Guangzhou fast zwölf Millionen Einwohner hatte. Dabei kannte ich die Stadt bis heute nicht einmal. Erstaunlich, dachte ich. Guangzhou allein hatte also mehr Einwohner als die Schweiz, Österreich, Kroatien oder Dänemark. In der Tat gab es über 120 Länder, die bevölkerungstechnisch kleiner waren als diese Stadt. Nur rund siebzig Staaten wiederum waren größer. Guangzhou war nicht nur eine der größten Städte Chinas, sondern auch die neuntgrößte Stadt der Welt. Insgesamt – las ich weiter – war sie dreimal Chinas Hauptstadt gewesen, jedoch jeweils nur für ein paar Monate: das erste Mal von 1925 bis 1927, das zweite Mal 1931 und das dritte Mal 1949.

Die Gegend um Guangzhou war angeblich eines der größten

zusammengehörenden Stadtgebiete der Welt. Insgesamt hatte die Region über hundert Millionen Einwohner. *Hundert Millionen*, spukte es immer wieder durch meinen Schädel. Hundert Millionen. Hundert Millionen. Hundert Millionen. Eine irre Zahl! Auf der ganzen Erde gibt es nur elf Nationen, die mehr Einwohner haben als einhundert Millionen. Deutschland, Frankreich, Spanien, Italien, die Türkei, der Iran, die Ukraine und Südkorea zählen nicht dazu.

Hundert Millionen Einwohner. Das sind 57 Hamburgs, 67 Münchens, 143 Frankfurts, 250 Zürichs, fast 670 Heidelbergs, 715 Regensburgs und 10 000 Westerlands. Würde man hundert Millionen Penisse aneinanderreihen, so hätte man: einen ziemlich langen Penis.

Ich beschloss, einen McDonald's aufzusuchen. Vor dem Hotel donnerte mir die Straße ein olfaktorisches Feuerwerk um die Nüstern. Guangzhou schien nur so zu triefen vor Pisse. Und als ich losschlenderte, begann ich, den ganzen Weg Wortspiele mit *Ur-Instinkt* und *Urin stinkt* zu machen. Was aber noch viel schlimmer war: Im Gegensatz zu Taipeh schienen 24-Stunden-Supermärkte und kleine Snackbuden hier Mangelware zu sein. Und einen McDonald's entdeckte ich so auf die Schnelle auch nicht. Vielleicht hatten die McDonald's auch schon zu. Dafür sah ausnahmslos jede Person so aus, als hätte sie a) in ihrem Leben zu viele Süßigkeiten gegessen und b) große Lust, mich zu töten. Und das konnte mir nicht egal sein. Ich liebte Süßigkeiten!

Bei einem der vielen verschrobenen Holzperlenhändler fragte ich nach einem Restaurant. Das heißt, ich formte die Hand zu einer Schaufel und tat so, als würde ich etwas essen. »Mangiare«, sagte ich dabei immer wieder, obwohl das ja Italienisch ist. Der Händler nickte missmutig in eine Richtung, schräg gegenüber, auf der anderen Straßenseite.

Die Stadt dampfte. Zuerst sah ich nur einen kleinen Platz, wo laute Radiomusik gespielt wurde und circa fünfzig Hausfrauen synchron irgendwelche Tanzschritte machten. Ich fühlte mich, als wäre ich im verrücktesten Musical der Welt gelandet. David Bowie vertont die Autobiografie von Prince mit Alan Rickman in allen Rollen. Irgendwie so was. Ich wollte umkehren, aber dann schälte sich aus der Schwärze: ein Fleischstand. Mit gebratenen Hühnerfüßen und Schweinenasen und diesem ganzen Zeug, das man eigentlich nicht sehen will, und ich wusste nicht, ob ich mich ekeln oder freuen sollte.

Ich entdeckte ein Seitengässchen mit Obst- und Gemüseständen. Je tiefer ich hineinlief, desto unwohler fühlte ich mich. Es war wie nach drei Tagen Festival, wo man einfach nur noch nach Hause will und unter eine warme Dusche. Die Stadt schien mich verschlingen zu wollen. Man musste wachsam sein. Es schien als könnte man zu jeder Zeit entweder freundlich gegrüßt oder in den Arsch gefickt werden. Da musste man aufpassen. In diesen Momenten entscheiden Kleinigkeiten, dachte ich. Wie in großen Champions-League-Spielen.

Und dann erschien sie, die Snackbude. Mehr noch: die Snackbude, in welcher selbst die Angestellten speisten.

In dem Etablissement, das nur so stank nach Erbrochenem und *Erpupstem*, hingen Essensfotografien aus wie in einer deutschen Dönerbude. Und wie in deutschen Dönerbuden hatten die Fotos die seltsame Eigenschaft, das Essen noch ekelhafter zu zeigen, als es ohnehin schon war. Immerhin konnte ich mich hier verständigen, ohne ein Wort Chinesisch zu können.

Draußen fuhren die Bewohner der Stadt mit kleinen Rikschas und Mopeds durch die Gegend, hupten mit kleinen posaunenähnlichen Instrumenten, die sie an die Armaturen montiert hatten, während ich die Fleischsoße in mich hineinschaufelte und krampfhaft versuchte, nicht darüber nachzudenken, was ich da gerade aß. Schmackhaft war es jedenfalls nicht. Hoffentlich, dachte ich, ist es ein normales Körperteil eines normalen Zuchttieres. Auch wenn ich in diesem Moment nun wirklich nicht erörtern wollte, was das in meinen Augen war.

Am nächsten Morgen stand ich in einem hoffnungslos überfüllten Frühstücksraum. Es mussten um die zweihundert Hotelgäste gewesen sein. Ich habe jetzt ja schon wirklich oft in Hotels oder Hostels gefrühstückt, aber nie hatte ich erlebt, dass man anstehen musste, um sich zum Essen setzen zu können. Wobei man nicht wirklich von *anstehen* reden konnte, weil es gar keine Schlange gab. Es war mehr ein waberndes Knäuel Mensch.

Es heißt ja, man solle morgens essen *wie ein Kaiser*. Aber ich fühlte mich wie ein Kaiser, den man auf ein Clownscollege geschickt hatte. Ich stand vor dem sonderbarsten Frühstücksangebot meines Lebens. Es gab undefinierbare Suppen, irgendwelche *Eggroles*, weiße Wurst und vorgesüßten Kaffee, der zum Kotzen schmeckte.

Das Einzige, was sich äußerlich anhand mir bekannter Muster bestimmen ließ, waren die gekochten Eier und geschnittenen Wassermelonen. Hoffentlich, dachte ich, schmecken wenigstens die. Und hoffentlich stimmt alles mit den Eiern. Also nicht verfault oder hundert Jahre in Tee eingelegt.

Stell dir vor, du stehst vor einem Büfett mit dreißig Sachen, die du kaum kennst und von denen du höchstens zwei nehmen möchtest. Das ist China.

Du spinnst doch

Auf einmal gab es diesen Punkt, wo sich dieses ganze Fremdheits-
gefühl umkehrte in ein Gefühl des Befremdens über mich selbst.
Während ich da am Frühstückstisch saß, zwischen diesen ganzen
lauten Chinesen mit ihrem blutenden Zahnfleisch und den stin-
kenden Tierleichen, und merkte, wie sehr mich das alles anekelte,
fühlte ich mich mit einem Mal so richtig spießig. Ich fühlte mich
wie ein 55-jähriger Studienrat, der sich über Hygiene und Ordnung Sorgen machte und sich nach den übersichtlichen, gesitte-
ten Verhältnissen der Heimat sehnte.

Und da wurde es mir auf einmal klar: Ich war »krass weiß«. Ja,
offenbar war mir nicht mehr zu helfen.

Ich kramte einen Notizblock hervor und machte eine Liste
mit Dingen, die für mich einen echten Spießer ausmachen.

Du willst wissen, ob du ein nerviger deutscher Spießer bist?
Lies dir das durch und frage dich, ob die Sätze auf dich zutreffen.

1. Du trägst Schals, Halstücher, Stulpen und Handschuhe.
   Nicht, weil es kalt ist, sondern aus rein modischen Gründen.
   Schals, Halstücher, Stulpen und Handschuhe sind quasi das
   spießige Pendant zu Goldketten, Ballonhosen und Gucci-
   Bandanas. Genauso gut könntest du dir »Hallo, habe einen
   Bausparvertrag!« oder »Wenn das so weitergeht, rufe ich mei-
   nen Vermieter an« oder »Ich glaube, ich bin hochbegabt« auf
   die Stirn tätowieren.

2. Du unterhältst dich ausgiebig über salonfähige Alkoholika und sagst Dinge wie: »Nur einen Klaren, bitte. Den sieht die Leber nicht.« Oder: *In vino veritas. In Bier is auch so was.* Oder zitierst Winston Churchill, der da sagte: »Ich habe dem Alkohol mehr genommen als er mir.«

Nur Leute, die spießig sind, unterhalten sich ausgiebig über das, was sie trinken. Ein Rapper, der zu viel Kohle hat, sagt einfach: »Schau mal, Dom Perignon, Mutterficki! Läuft bei mir.«

3. Wenn dir jemand von seinen Urlaubsplänen erzählt, weist du ihn sofort auf die Gefahren der jeweiligen Region hin. Du sagst Dinge wie: »Ja, aber vergiss die Sonnencreme nicht!« Oder: »Ich würde einen Bauchbeutel mitnehmen und eine Reiserücktrittsversicherung abschließen.« Vorsichtige Leute sind spießig! Nichtspießige Leute hingegen sagen Dinge wie: »Afrika? Geil! Elefanten und Nashörner und so'n *Shit*. Gönn dir, Brudi.«

4. Wenn du wiederum selber reist, sagst du als Erstes, wenn du irgendwo ankommst: »Haben Sie WLAN?« Im Grunde sagst du nichts anderes außer: »Haben Sie WLAN?«

Zum Beispiel:
»Wie war Ihr Flug?«
»Das kommt darauf an. Haben Sie WLAN?«

5. Du gehst in eine Pizzeria und bestellst etwas anderes als Pizza.

6. Du stehst an der Supermarktkasse und zählst jeden Cent einzeln ab, um deine Einkäufe passend zu bezahlen.

7. Du weißt, was ein Dossier ist.

8. Du sagst: »Ja, aber Helge Schneider ist auch ein verdammt guter Musiker.« Generell redest du ständig darüber, was in deinen Augen unter- oder überschätzt ist.

9. Unter deinen Haushaltsgeräten befindet sich eines oder mehrere der folgenden Gegenstände: ein Olivenschiffchen. Eine Mohnmühle. Ein Puderzuckerdosierer. Eine Knoblauchpresse. Eine Ingwerreibe. Ein Käsekarussell. Ein Gewürzkarussell. (Generell irgendein Karussell.) Eine Herdabdeckplatte. Eine Orgel verschieden großer Gläser, in denen du die Nudeln aufbewahrst. Eine Eierharfe. Selbst gehäkelte Eierwärmer. Oder Eierförmchen für die Pfanne, damit das Spiegelei genau auf den Toast passt. Eine Butterglocke. Ein Milchschäumer. Ein zweiteiliger Tortenheber mit einem fahrbaren Element, sodass man die Tortenstücke auf den Teller schieben kann, ohne dass sie umfallen. Ein kleines Metallvögelchen, in welches man einzelne Zitronenschnitze legen kann, um aus ihnen durch Ausüben eines leichten Drucks auf den Vogelschwanz einen dünnen Strahl Zitronensaft zu gewinnen, der aus dem Vogelschnabel auf die Speise läuft. Zahnstochergroße Gabeln für Häppchen. Eine Zange für Fingerfood. Salz- und Pfefferstreuer in der Form kleiner Büsten bedeutender Dichter und Denker. Eine Hängematte für Bananen. Eine Tupperdose für Bananen in der Form einer Banane. Und ein spezielles Gemüsefach im Kühlschrank, eine sogenannte *PerfectFresh*-Zone, welche das Gemüse nicht nur auf angenehmen null Grad hält, sondern ihm auch noch Klassik vorspielt, eine Auswahl verschiedener Wirtschaftsmagazine reicht und den Nacken massiert.

10. Du führst den Umstand, dass es dir besser geht als anderen, nicht auf Glück und Zufall zurück. Gerade wenn es um Gesundheit und Finanzen geht. Dann sagst du Dinge wie: »Kein Wunder, dass XY ins Krankenhaus muss. Der raucht ja auch.« Oder: »Was, XY ist pleite? Hätte er mal besser eine Ausbildung gemacht!« Und das Schlimme ist: Du meinst das auch so. Denn tief in dir drin fühlst du dich moralisch über jeden Zweifel erhaben.

Ungesund

Obwohl die Rezeptionistin gesagt hatte, dass es zwei Stunden dauern würde, bis man mit den öffentlichen Verkehrsmitteln von Guangzhou aus in Hongkong sei, brauchte ich schon fast eine Dreiviertelstunde, bis ich Geld abgehoben und die nächste U-Bahn-Station gefunden hatte. Eine Dreiviertelstunde, jawohl! Guangzhou war einfach zu unübersichtlich. Wie ein Wimmelbild von einem Bazar. Oder ein Musikvideo von *Tame Impala*. Die Häuser waren entweder riesengroß oder winzig und geradezu verschrumpelt. Es gab quasi nur Kreuzfahrtdampfer und Nussschalen. Und Letztere konnten schon richtig »chinesisch« aussehen: mit kleinen Türmen, die diese typisch geschwungenen chinesischen Dächer in Karminrot und Türkis hatten, und Schildern, auf denen große goldfarbene Schriftzeichen prangten.

Auf den Straßen Guangzhous spielten sich allerlei Kuriositäten ab: Ein Mann, der drei Affen an der Leine zur Schau stellte, die alle größer waren als ein Hydrant. Obst und Gemüse, etliche, am Kopf aufgespießte, herumbaumelnde Tierkadaver. Und ein Panoptikum der skurrilen Fahrzeuge: Von der Rikscha bis zum Minibus gab es hier alles, was man sich mit Reifen und Rädern vorstellen konnte. Zum Beispiel kleine, dreirädrige Autos mit einem fest installierten Sonnenschirm als Dach. Oder einen Minibus, der vorne orange und hinten grün war, also ganz offensichtlich in der Mitte aus zwei Minibussen zusammengeschweißt. Oder eine Art rollendes Kanu mit Reifen. Wirklich. Man konnte sogar noch die Aussparungen für die Paddel sehen. Zu allem Überfluss schien das Ding mit seinem blau-weißen Anstrich eine Art Polizeiauto zu sein. Fehlte nur noch, dass die Leute hier in Riesenflaschen durch die Gegend fuhren. Einen TÜV schien es in Guangzhou nicht zu geben. Oder generell irgendwelche Regeln. In den Seitengassen lagen abwechselnd Obdachlose oder Behinderte, manchmal auch obdachlose Behinderte. Zudem roch es nach Gammelfleisch und Pisse, ein Œuvre, dem die drückende Hitze zusätzlich Gewicht gab.

Und noch etwas fiel mir auf: In jedem Laden wurde das Gleiche angeboten. In der Gasse, durch die ich gerade schlenderte, schien es ausschließlich Billigschmuck zu geben. Die Gasse bestand quasi aus Billigschmuck. So wie Harald Glööcklers Gesicht. Nur mit dem Unterschied, dass man in Harald Glööcklers Gesicht herumlaufen kann, ohne angerempelt zu werden. Überall kleine, golden und kupferfarben lackierte Holzperlenketten und Messingohrringe. Da man mir bei der Suche entweder nicht weiterhalf oder nicht weiterhelfen wollte, versuchte ich, mir das erste chinesische Zeichen der von mir gesuchten Haltestelle zu merken, die *Chouang Lu* hieß oder so ähnlich. Das führte dazu, dass ich mir bei jedem Schriftzug dachte: *Da! Das ist es! Ach ne, doch nicht.* Es hatte schon etwas Slapstickhaftes.

Am unfreundlichsten waren übrigens die Polizisten, Türsteher und Wächter. In dieser Hinsicht waren sich Deutschland und China nicht unähnlich. Nur mit dem Unterschied, dass die Wachtmeister hier ungelogen im Zehn-Meter-Takt die Hauptstraßen säumten, vor den Geschäften positioniert waren und auf kleinen Klappstühlen an öffentlichen Gebäuden saßen. Dabei waren sie bei Weitem nicht ausgelastet. Oder körperlich fit. Sie waren einfach nur da, popelten in der Nase oder kratzten sich den Wanst. Einige schliefen sogar. Ich fragte mich, ob diese uniformierten Nullnummern wirklich bedrohlich waren. Vielleicht machte es auch einfach die Masse. Immerhin waren sie bewaffnet, der normale Bürger nicht. Ein Kumpel von mir hatte den Satz geprägt: *Polizisten sind wie Türsteher. Nur intelligenter.* Ich war kein Freund übertrieben plakativen Polizisten-Hasses, aber wie jeder normale Mensch empfand ich von Haus aus ein tiefes Unbehagen, wenn ich Polizisten sah. Und letztlich war das ja auch eine Antwort auf die Frage, wie Repression in einem so großen Land wie China so gut funktionieren konnte. Nämlich: mit ganz viel Gewalt.

Aber nicht nur diese ganzen Wachtmeisterchen erweckten einen insgesamt unfreundlichen Eindruck. Tatsächlich waren das praktisch alle Chinesen, denen ich über den Weg lief. Nie schien jemand auch nur im Ansatz interessiert daran zu sein, was die anderen denken, ob man sein Ziel erreicht, ob einem geholfen wird und so weiter. Umsicht gleich null. Einmal fragte ich eine kleine, kaulquappenhafte Verkäuferin nach dem Weg. Anstatt wenigstens den Kopf zu schütteln oder mit den Achseln zu zucken, fing sie an zu lachen, schaute zu ihrer Kollegin, zeigte mit dem Finger auf mich und ging dann einfach weg. So eine unsensible Kuh.

Der interkulturelle Austausch funktionierte also wieder einmal prächtig. Ich erinnerte mich kurz an Mael. *Der Bart juckt, die Sonne blendet.*

In China war jetzt ja nicht nur Wochenende, sondern auch diese *Goldene Woche*, von welcher der Professor am taiwanesischen Tag der Deutschen Einheit erzählt hatte. Die Goldene Woche – die am 1. Oktober, dem chinesischen Nationalfeiertag, begann – war inzwischen mehr so ein Kommerzding, ähnlich dem Valentinstag bei den Amerikanern. Jedenfalls waren mehr Menschen auf den Straßen als ohnehin schon. Ich hatte mir also die perfekte Zeit zum Reisen ausgesucht! Revolution, Wochenende und Kaufhausrausch. Und schlecht gefrühstückt hatte ich auch noch. Es war ein Jammer.

Highlights hingegen boten die Kleinkinder, welche meist sehr pfiffig wirkten und abstruse Frisuren trugen wie zum Beispiel kleine Schwänzchen, wie man sie aus Kung-Fu-Filmen kennt. Sie waren die Einzigen, die kein Problem damit zu haben schienen, mit mir zu schäkern. Gerade in der U-Bahn wurde ich Opfer von zwei wild mit ihrem Smartphone herumknipsenden Vierjährigen.

Im Vergleich zur restlichen Stadt war das öffentliche Verkehrsnetz – ähnlich wie in Taipeh – auffällig sauber und modern. Vielleicht war ja Guangzhou auch gar nicht so schlecht und es hatte mich nur in eine sehr zweifelhafte Gegend verschlagen, dachte ich. Immerhin handelte es sich hier um einen der größten Wirtschaftsstandorte der Welt! Da musste es eigentlich auch ein paar Stadtteile geben, wo man Hummerfleisch aß. Oder sich zumindest duschte. Gesehen hatte ich sie allerdings noch nicht.

Ganz im Gegenteil. Es wurde immer wilder. An der *Guangzhou Eastern Railway Station* ging es zu wie in einem Irrenhaus. Ich stand eine Dreiviertelstunde in der Warteschlange eines Schalters, bis ich bemerkte, dass ich falsch war. Um halb zwölf notierte ich in mein Notizbuch: *Bin jetzt fast drei Stunden unterwegs, und die Situation fängt an, mir ernsthaft auf den Sack zu gehen.*

Stets wurde ich von einem Ende eines Bahnhofes ans andere Ende gescheucht. Nie schien ich das zu bekommen, was ich wollte. Wie mit diesem Passierschein in dem Asterix-Film. Zum Glück stand ich nicht unter Zeitdruck. Heute hatte ich frei und deshalb beschlossen, die Zeit für einen Tagestrip nach Hongkong zu nutzen.

Nach einer weiteren Viertelstunde an einem anderen Schalter sagte eine Frau in einem wie immer schlechten Englisch, es tue ihr leid, aber es gebe keinen Zug nach Hongkong.

»What do you mean there's no train to Hongkong?«, wiederholte ich stoisch, aber es hatte keinen Sinn. Die Dame verstand nicht. Und überhaupt. Es war China. Da konnte man keine Erklärungen erwarten.

»Hey man«, sagten zwei schick gekleidete Westeuropäerinnen mit großen Sonnenbrillen. »Why don't you just go to Shenzhen?« Sie kauten Kaugummi und trugen Mützen, es war dieser typische Hipster-Schick, den man in China – im Gegensatz zu Taiwan – selten sah.

»What?«, fragte ich.

»It's easy«, sagten die Hipster-Girls kichernd. »Just drive there and you will see signs to Hongkong everywhere.« Sie sagten das so, wie man sagt: *Oh Mann, du kapierst ja gar nichts!*, blieben dabei aber recht höflich.

»How is the name again?«, fragte ich. Schließlich klingen alle chinesischen Städte gleich.

»Shenzhen«, sagten sie, und ich gab ihnen meinen Stift und das Notizbuch. »Drive to Shenzhen«, sagte die eine und schrieb. »And go to *Lou Hu* … Maybe it's *Lou Wu* … We don't know.«

Na das klingt ja präzise, dachte ich und antwortete – ebenso präzise – mit einem: »O.k.«

Aber am Fahrkartenschalter dauerte es wieder ewig. Und als ich dann endlich dran war und die Dame am Schalter meinen Reisepass scannte, schmierte zu allem Überfluss auch noch ihr Rechner ab.

Rechner, dachte ich, sind eben doch auf der ganzen Welt gleich. Früher gab es Windows 95, heute gibt es Windows 8. Das ist eine Verschlechterung von 87!

Wenig später hielt ich ein kleines, briefmarkengroßes Ticket in der Hand, auf welchem mein Name stand nebst sehr vielen chinesischen Zeichen. Das heißt: eine Art Anagramm meines Namens. Dort stand: *MIST-R TH E-D-UARD STZER*. Mein zweiter Name ist Eduard. Immerhin.

Danach musste ich in eine große Wartehalle. Die Züge nach Shenzhen schienen im Zehn-Minuten-Takt zu gehen. Auf dem immer gleichen Gleis. Wie ein Shuttle. In der Wartehalle wurde ausgelassen geraucht, obwohl überall Rauchen-verboten-Schilder hingen. Auffällig war auch, dass viele Chinesen T-Shirts trugen mit Sprüchen wie *Rebellion is the only thing that keeps us alive* und dabei aussahen wie Reinhard Meys schüchterner Bruder – Reinhard Shy.

Auch wenn ich noch lange nicht in Hongkong war, glaubte ich, den süßen Duft der Freigeistigkeit bereits zu schmecken. Hongkong hatte mit dem Rest von Festlandchina nichts zu tun. Die Sieben-Millionen-Einwohner-Stadt war quasi ein Stadtstaat – beziehungsweise eine »Sonderverwaltungszone«, wie es offiziell heißt. Das bedeutet ganz allgemein, dass die Stadt bis 1997 nicht chinesisch, sondern – infolge des ersten Opiumkrieges um 1840 – britisch war. Konkret bedeutet es, dass die Einwohner von Hongkong über Jahrzehnte hinweg ein Wirrwarr von Verhandlungen und politischen Doktrinen über sich ergehen lassen mussten. So bekamen sie zum Beispiel ab 1989 trotz Besitzes eines britischen Passes kein uneingeschränktes Wohnrecht in Großbritannien. Im Gegensatz zu Taiwan hat diese Sonderstellung Hongkong jedoch keinesfalls ins weltpolitische Nirwana katapultiert. Ganz im Gegenteil! Gerade weil Hongkong eine so komplizierte Geschichte im ewigen Spannungsfeld zwischen Ost und West hat, genießt die Stadt eine Sonderstellung in der jüngeren Zeitgeschichte. Zum Beispiel ist Edward Snowden 2013 in Hongkong zum ersten Mal an die Öffentlichkeit getreten, weil er den Ort am geeignetsten dafür hielt.

Eine ohrenbetäubende Durchsage, bei der ich nur die Wörter *Check-in* und *Second Floor* verstand, riss mich aus meinen Gedanken.

Musste ich noch mal woandershin, um in den Zug einzuchecken, wie in einem Flugzeug? Ich begann, mich ohne Sinn und Verstand durch die umstehenden Chinesen zu fragen. Meistens sprach ich gar nicht direkt eine Person an, weil mich über neunzig Prozent sowieso nicht verstehen würden (oder nicht verstehen wollten), sondern stammelte irgendwelche Begriffe in die stickige Bahnhofsluft, doch dann bot ein zierliches Mädchen mit einem großen pinken Rollkoffer und einer gepunkteten Schleife im Haar seine Hilfe an. »You are right«, sagte sie. »Just wait here. For the train.«

Im Zug gab es Platzkarten. Generell war der Zug – abgesehen von den Toiletten, die (wie in manchen Gegenden Italiens) schüssellos waren und auch sonst eher durch schlichte Eleganz bestachen – sehr sauber und modern. Als ich meinen Waggon gefunden hatte, saß mir gegenüber: die Chinesin mit der Schleife im Haar. Was für ein Zufall! Wir lächelten.

Sie war eine Informatikstudentin aus Dong Guan, irgendeiner Sieben-Millionen-Einwohner-Stadt, von der ich auch nie etwas gehört hatte, und erzählte, sie selbst sei noch nie nach Hongkong gereist, weil ihr das zu teuer sei. Als ich achtlos einen großen Pappkarton Kaffee bestellte und dafür dreißig Yuan bezahlte, was immerhin vier Euro sind, machte sie Augen wie ein Manga. Im Nachhinein war das vielleicht ein bisschen taktlos gewesen. In diesem Moment war es mir scheißegal. Ich brauchte dringend Kaffee.

»Can I see your ticket?«, fragte sie neugierig.

»Of course«, sagte ich und legte ihr meins hin.

Sie zeigte auf meinen Namen: »It is *sooo* long«, sagte sie und lachte. Ja, klar, dachte ich. Im Gegensatz zu zwei bis drei Zeichen – ein bis zwei für den Vor- und eins für den Nachnamen – ist jeder Name lang. Wieso – schoss es mir durch den Kopf – nennt ihr uns eigentlich nur *Langnasen* und nicht auch *Langnamen?*

Dann fing sie an, lautstark zu zählen. Ein Schwarzer, der sich neben uns gesetzt hatte, lachte.

»What?«, sagte ich, und sie zählte noch einmal. Jetzt verstand ich. Sie wollte mir etwas Chinesisch beibringen.

»What's *I don't speak Chinese* in Chinese?«, fragte ich. Sie nahm mein Büchlein und schrieb eine sechsstellige Zeichenkette hinein.

»Äh.«

»Oh«, sagte sie und lachte. Dann übersetzte sie die Silben. Ich wiederholte: »*Wo Bu Hui So Zong Wen*«, wobei ich *Wen* aussprach wie das englische *when.*

Sie lachte und sagte: »Very good.«

Ich wiederholte den Satz noch so circa zehnmal. Irgendwann fing das halbe Abteil an zu lachen.

Abgesehen von ihren widerlichen Zähnen war sie eigentlich ganz süß. Also nicht attraktiv, aber süß. So wie eine Informatikerin, die nie Sonne sieht und aussieht wie dreizehn, eben süß sein kann. Aber ihre Zähne gingen wirklich gar nicht. Wie bei vielen Chinesen waren nicht nur einige Schneidezähne schon an- oder abgefault, ihr schienen überall Essensreste im Mund zu hängen. Oder war das Blut? So genau wollte ich das gar nicht wissen. Es heißt ja, Wissen sei Macht. Was sie einem nicht erzählen, ist, dass Macht manchmal ziemlich stressig sein kann.

»What are you doing in Guangzhou?«, fragte sie.

»I am a poet«, sagte ich.

»What?«

»Poet!«, schrie ich, und ich nahm das Büchlein und machte eine Kritzelgeste. »Writing«, sagte ich. »Like … journalism.«

»Aaah«, sagte sie und machte große Augen, aber so wirklich verstanden hatte sie immer noch nicht. Wahrscheinlich fehlten wieder Perücke und Federkiel. Der Schwarze lachte wieder ein bisschen. Dann musste sie aussteigen.

»Can you write your name down?«, fragte ich.

»Of course«, sagte sie und schrieb: Fan – erst auf Englisch, dann mit drei chinesischen Zeichen. Na endlich, dachte ich. Das ist doch mal ein Name! Nicht *Tigerlily* oder *Lazer*. Die Zeichen faszinierten mich immer noch jedes Mal, wenn ich sie sah. Gerade wenn sie jemand einfach von Hand niederschrieb. Wie man einerseits so schlecht Englisch sprechen und andererseits die vielen tausend Zeichen können konnte, war mir gänzlich ungeheuer. Abgesehen vom gestrigen Taxifahrer schien jeder in China schreiben zu können. Egal, wie schlecht gebildet. Selbst die Straßenmarkierungen waren trampolingroße Schriftzeichen.

»Are you from China?«, fragte ich den Schwarzen rhetorisch, nachdem Fan ausgestiegen war. Wir waren sofort auf einer Wellenlänge. Manchmal hatte ich das Gefühl, dass ich schwarz hätte sein sollen. Mein Lieblingsrapper war Kanye West. Meine Lieblingsrapperin war Azealia Banks. Meine liebste Cartoonserie war die *Cleveland-Show*. Mein Lieblingsverteidiger Boateng. Mein Lieblingssoundsystem *Major Lazer*. Meine Lieblingscomedians *Key & Peele*. Und, klar, Obama war nicht der Messias, als den ihn viele Leute bei der Präsidentschaftswahl 2008 gepriesen hatten, aber mir ging trotzdem jedes Mal das Herz auf, wenn ich ihn sah. Sämtliche meiner befreundeten Comedians wollten Juden sein. Aber wenn ich es mir aussuchen könnte, wäre ich lieber schwarz.

Wenn ich jetzt hingegen so darüber nachdachte, war es echt komisch, dass ausnahmslos niemand in meinem Freundeskreis gerne asiatisch sein wollte. Gab es denn so wenig positive asiatische Vorbilder in der Popkultur? Außer Jackie Chan, Jet Li, Harold von *Harold & Kumar* und diesem komischen Hünen aus der NBA fielen mir jedenfalls keine ein. Und wie Jackie Chan wollte ich bestimmt nicht aussehen.

»No!«, sagte mein Gegenüber, und es klang mehr wie das deutsche *No* – also *Noh!* wie *roh* nur mit *N*.

»I am a businessman from Kenya.«

»Kenya?«, fragte ich. »I believe we had a partner school in Kenya«, sagte ich, denn ich kannte mich aus. »I think it was in Uganda.«

»Uganda is a complete different country«, sagte der Kenianer lachend.

»Oh, I'm sorry«, sagte ich.

»Don't be«, sagte er. »It's just a fact.«

»Yes«, sagte ich. »But I am sorry for some facts.«

»I like soccer«, sagte er. »You look like Bastian Schweinsteiger from Bayern Munich.«

Ich lachte.

»Dortmund is my team«, sagte er. »Jürgen Klopp is the best trainer in the world. If Dortmund reaches the Champions-League-Finals, I'll come to Germany.«

»Yeah«, sagte ich. »I like Bayern.«

Und ich klopfte mir demonstrativ auf die Brust. Seine Miene verfinsterte sich.

»But I'm also a huge Fan of St. Pauli and the FC Augsburg«, fügte ich hastig hinzu.

»But Bayern buy all the good players from Dortmund«, sagte er.

»Yeah«, sagte ich. »But Dortmund does the same with other teams. For example: Reus is from Gladbach, Ginter is from Freiburg and so on. Actually, Hummels is from Bayern.«

Er nickte und runzelte nachdenklich die Stirn. Natürlich hatte ich recht. Der FC Bayern war ja nicht schuld am Kapitalismus.

»But I really respect Dortmund«, sagte ich. »They play really fast and everything.«

Wir unterhielten uns über Ballbesitzfußball und Umschaltspiel. Er erzählte, er sei außerdem Fan von Manchester United. Dann erklärte er mir, dass man Bayerns Abwehr mit einem weiten Pass leicht aushebeln konnte, weil sie so weit vorrücken würden. Ich bemerkte, dass der FC Bayern München Louis van Gaal einiges zu verdanken habe und ich es seltsam fände, dass dessen Veränderungen bei Manchester United noch nicht fruchteten.

»Dortmund«, sagte ich weiter. »Is really good in the Champions League. But they are not that good in the Bundesliga. I believe they are on place 12 or 13.« Ich finde es immer wieder verrückt, wie schnell man über Fußballgespräche Kontakt knüpfen kann. Es macht ja in Deutschland schon immer Spaß, über Fußball zu sprechen, weil das so beliebig ist. Als würde man sagen: »Gutes Wetter, ne? Was macht die Hüfte?« Gleichzeitig hat der Fußball in Deutschland einen unglaublich hohen Stellenwert, gerade im Kontext der Nationalität, war es doch eine der zweifelhaften Errungenschaften der WM 2006, dass es auf einmal wieder salonfähig war, die Deutschlandfahne zu schwenken.

Im Ausland können einen drei Sätze über Abwehrverhalten und Torlinientechnik sozial Wurzeln schlagen lassen. Und die Tatsache, dass der FC Bayern den chinesischen Markt für die Zukunft erschließen will, machte mich sehr glücklich. Auch wenn ich gehört hatte, dass es angeblich Probleme gab, das Konzept *Mia san mia* im Ausland zu vermarkten. Da hatten es die anderen großen Clubs – Real Madrid, FC Barcelona, Manchester United und FC Chelsea – deutlich leichter. Attribute wie *königlich* versteht man halt auf der ganzen Welt. Aber schon im Englischen muss der Versuch, *Mia san mia* zu übersetzen, scheitern. »*We are we*« trifft es da nicht ganz.

Ich fragte Jay, wie er sich vorgestellt hatte, was er an Kenia möge (die Landschaft) und wie lang er schon in Guangzhou sei (zwei Monate). Er erzählte, er sei Teil des neu gegründeten Unternehmens Watch Sport, für welches er in Kenia T-Shirts verkaufe, die in Guangzhou produziert werden würden. Nun müsse er zu einem Business-Meeting nach Hongkong, zu dem er leider viel zu spät sei.

Ich erklärte, was das Goethe-Institut ist und dass ich normalerweise alles organisiert bekäme, aber jetzt vier Tage frei hätte, an denen ich etwas planlos durch die Gegend reiste.

»But I can eat while you have your business meeting«, sagte ich. »And afterwords you can show me Hongkong.«

»Yeah«, sagte Jay, nahm mein Notizbuch und schrieb *Tsim Tsa Tsui* auf die erste Seite. »You have to go there«, sagte er. »It is really nice.«

»O.k.«, sagte ich.

»When do I have to go back?«, fragte ich. »Till when does the buses go in Guangzhou?«

»Eleven o'clock«, sagte Jay. »You should leave Hongkong at about eight.«

Ich blickte auf die Uhr. Jetzt war es drei.

In Shenzhen mussten Jay und ich durch drei Kontrollen. Wie ich später erfuhr, hatte die Stadt ebenfalls über zehn Millionen Einwohner, obwohl ich – wie bei Guangzhou – nie zuvor von ihr gehört hatte. Alles war aus grauem Beton und voller Menschenmassen. Insgesamt standen wir fast eine weitere Stunde in der Schlange, wobei wir uns kaum noch unterhielten. Jay schien wirklich sehr spät dran zu sein. I am very late, wiederholte er gebetsmühlenartig.

»But they will wait for you. You are the boss, right?«, sagte ich und lachte.

»No«, sagte er und lachte nicht. Damit war die Unterhaltung mit Jay beendet.

»Where are you from?«, fragte ein dreitagebärtiger, europäisch aussehender Mann von hinten.

»Germany«, sagte ich.

»Germany!«, rief er. »Nice. I am from Lille in France. You have a nice soccer team!«

Und wieder: Fußball-Small-Talk! Es war wirklich ganz verblüffend.

»But you have OSC Lille«, sagte ich altklug. »And Ribéry.«

»But Ribéry is not as precious for us like he is for Bayern Munich«, sagte er. »Actually he is not that famous in France.«

»I really like Benzema«, sagte ich wahrheitsgemäß. Ein anderer französischer Fußballer fiel mir nicht ein.

»But he is not that famous in France as well«, sagte der Franzose. »Because he said, he would rather play for Algeria.«

»Oh really?«, fragte ich. »That is really stupid.«

»Yeah«, sagte er.

»But your team was really good in the World Cup.«

»Yes«, sagte der Franzose. »But Germany was better.«

»Yeah«, sagte ich. Das Thema Fußball war an einem toten Punkt. Es war schwer dieser Tage, Ausländer für ihre Nationalmannschaft zu loben, ohne wie ein Arschloch zu klingen. Und mir fiel es ja generell schon schwer, nicht wie ein Arschloch zu wirken. Gerade mit meinem urdeutschen Erscheinungsbild … Beim Thema Fußball musste ich also doppelt und dreifach aufpassen.

Der Franzose stellte sich als Roland vor – also gesprochen wie der französische Präsident Hollande nur mit einem *R* – und wir unterhielten uns lange über sein Land. Auch er war ein Geschäftsmann. Seine Firma stellte Spielzeuge für Fisher Price, Barbie, Disney und Hello Kitty her. Mir kam es langsam so vor, als wären die Ausländer hier hauptsächlich Geschäftsmänner. Poeten schienen in China jedenfalls Mangelware zu sein. Gut, das sind sie auch in Deutschland. Ich kenne vielleicht fünfzig Poeten, die ihre Berufung zum Beruf gemacht hatten. Trotzdem war in China – genau wie in Taiwan – nie jemand überrascht, wenn ich von meinem Beruf erzählte. In Deutschland ist das ein bisschen anders. Dort machen die Leute große Augen. Vielleicht kapierten sie in China auch einfach nicht, dass ich wirklich ausschließlich mit selbstgeschriebenen Gedichten und Kurzgeschichten für die Bühne meinen Lebensunterhalt bestritt.

»I have been to Berlin and Aachen«, sagte Roland. Oh Gott, dachte ich. Wären Berlin und Aachen meine einzigen Referenzen, ich würde denken, Deutschland sei irgendwas zwischen mäßig und saumäßig.

»But I really liked it in Germany«, sagte er. »It is much better than in France. Actually, I prefer being in China to being in France.«
»Really?!«, fragte ich ungläubig.
»Right now«, sagte Roland, »we have huge problems in France. Like riots … and a high unemployment rate … and a stupid president.« Ein Franzose, der es genoss, in China zu sein, weil dort die Welt noch in Ordnung war. Na, das war doch mal was!

»But a lot of countries in Europe have those kind of problems«, sagte ich. »Like Portugal or Spain or Italy, Greece.«
»Actually, I think Germany is the best right now«, sagte Roland.

»I don't know«, sagte ich. »I think Scandinavia is the best. And Switzerland. And the Netherlands. Our education gets worse and worse.«

»I really like Angela Merkel«, sagte Roland. »I think she is really straight.«

»Straight?!«, fragte ich. Dann wurden wir auch schon kontrolliert. Jay hatte inzwischen das Weite gesucht. Wahrscheinlich war er wirklich sehr im Stress. Vielleicht war ihm das auch einfach alles ein bisschen suspekt: ein deutscher Poet und ein französischer Spielzeughersteller. Immerhin hatte er mir gesagt, was ich in Hongkong unbedingt anschauen sollte. Das reichte mir. Zumal ich sowieso nicht besonders viel Zeit haben würde.

»You can only reach Hongkong by tram«, sagte Roland. »Isn't that strange?« Vor dem Fahrkartenschalter stand eine freundliche Dame, die uns beim Ticketkauf half.

»Look«, sprach Roland weiter, als wir vor der U-Bahn standen, »how they wait in exactly two lines. You can see this very often in Hongkong. Hongkong is also very straight, you know? Like Angela Merkel. In China, however, everything is chaotic.«

Während der halbstündigen Fahrt erzählte mir Roland viel über die Stadt und die chinesische Mentalität. Zum Beispiel, dass schon ein paar Brocken Chinesisch reichten, um die Sprachbarriere zu überbrücken. Meistens, meinte er, seien die Chinesen nicht unfreundlich, sondern schlichtweg eingeschüchtert, weil sie es nicht für möglich erachten würden, einem helfen zu können. Sie schätzten ihr Englisch schlechter ein, als es sei, und schüttelten deshalb mit dem Kopf oder fingen aus einer Unsicherheit heraus an zu lachen. Die unsensible Kuh von vorhin war also vielleicht weder unsensibel noch eine Kuh gewesen. Außerdem gab mir Roland Insiderinformationen über die Unruhen, zu denen ich in der U-Bahn auch endlich Fernsehbilder bekam. Wir redeten wieder über Joshua Wong, den 17-jährigen Revolutionsführer.

»Is it dangerous for me to travel to Hongkong right now?«, fragte ich.

»Not in the centre«, sagte er. »But please don't go to the University. It would be really, really dangerous for you. Especially as a European.«

Auf den Informationsbildschirmen der U-Bahn liefen Berichte über die Unruhen. Daran merkte man auch, dass man in Hongkong und nicht mehr in China war. So etwas wie eine negative Presse gab es in China nicht. Man konzentrierte sich auf die Berichterstattung von unwichtigen Ereignissen.

Plötzlich erschienen auf dem Bildschirm die Bundesligaergebnisse samt Spielzusammenfassungen. Ich konnte meinen Augen nicht trauen! Die Bundesliga! Hertha BSC und der FC Augsburg! In Hongkong!

Als ich in *Tsim Tsa Tsui* war, war Roland längst ausgestiegen. Ich blickte auf die Uhr. Jetzt war es schon fast fünf. Mir knurrte der Magen. Mein Hunger war so groß, dass mir schlecht wurde. Generell bin ich ja ein Mensch, der grundsätzlich Hunger hat. Manchmal passiert es mir schon in einem Restaurant, dass ich nach einer Mahlzeit, ohne mit der Wimper zu zucken, gleich eine zweite hinterher bestelle. Hunger ist das erste Gefühl, das ich habe, wenn ich morgens aufwache, und manchmal auch das letzte, wenn ich einschlafe, und was den heutigen Tag anbelangte, so hatte ich ja noch nichts gegessen außer einem gekochten Ei, zwei Scheiben Wassermelone und dem großen Kaffee am Nachmittag im Zug.

Fiebrig lief ich durch die Einkaufsstraßen. Überall gab es asiatisches Essen, das – genau wie in Guangzhou – nicht appetitlich aussah. Gebratene Enten, bei denen man die Köpfe und Füße drangelassen hatte. Diese Dinge. Auch der Fisch war äußerst unappetitlich. Ich tauschte irgendeine Summe in Hongkong-Dollar, die ich in die rechte Hosentasche stopfte. Yuan links, Hongkong-Dollar rechts. Alles ganz ordentlich. Das war jetzt schon die dritte Währung in einer Woche. Ich glaube, ich hatte etwas um die hundertsechzig, aber allein die Tram kostete fast hundert. Zehn Hongkong-Dollar waren ungefähr ein Euro, und Hongkong – hatte ich gehört –, sollte ziemlich teuer sein. Ich hatte also sechs Euro zum Essen. Es würde auf Fast Food hinauslaufen.

Und so verschlug es mich in einen McDonald's unter der Erde, der – wie die Läden in China – hoffnungslos überfüllt war. Ich bestellte ein Spicy-McChicken-Menü mit Actionfigur, um wenigstens irgendein Andenken an Hongkong zu haben, und verzehrte es gierig. Immerhin, dachte ich beim Anblick der Plastikfigur, die wahrscheinlich ganz in der Nähe hergestellt worden war, etwas *aus der Region*.

Insgesamt war es erstaunlich, wie kultiviert Hongkong schon in dieser kurzen Zeit auf mich wirkte. Gerade im Kontrast zu Guangzhou, dachte ich, während ein dicker Chinese neben mir laut rülpste. *Quod erat demonstrandum*, dachte ich. Und er dachte sich wahrscheinlich: lecker. Mit Stückchen.

Blaues Blut

Ich war also nach Hongkong gefahren, diesem wichtigen Ort globaler Freiheit, diesem *melting pot* der *melting pots*, dem Epizentrum des *culture clash's*, dem *Who is who* der *Crème de la Crème*, und hatte was gemacht? Richtig. Ein Menü bei McDonald's gegessen. Fast Food, weil erst die Zeit knapp wurde und dann das Geld. McDonald's, weil man in einem Land, das dermaßen fremd ist, manchmal froh ist über jeden Grashalm, der einem irgendwie bekannt vorkommt.

Auch wenn gerade die chinesischen McDonald's öfter in Skandale um die Entdeckung alten Fetts verwickelt waren als amerikanische Alt-Stars. Hier gab es den Begriff *Gulli-Öl*. Das war Speiseöl, das man aus Gullis gefischt, anschließend recycled und wieder zum Kochen verwendet hatte. Der illegale Handel mit Öl war so verboten wie lukrativ.

Zurück in Guangzhou, hatte ich beim nächtlichen Schlendern den folgenden Gedanken: Wahrscheinlich, dachte ich, als ich wieder von allen Seiten ob meines äußeren Erscheinungsbildes beäugt wurde, sind wir Europäer für die Chinesen so wie die Schwarzen für uns: mit größeren Penissen und weißeren Zähnen.

Wahrscheinlich, dachte ich, wäre ich selbst gerne Europäer, wenn ich ein Asiate wäre. So wie ich jetzt Schwarzer sein will, weil ich weiß bin. Das, dachte ich dann weiter, ist das politisch Unkorrekteste, was du in einer sehr langen Zeit gedacht hast. Und dabei hatte ich in meinem Leben schon so manchen unkorrekten Gedanken gehegt. Dinge wie: »Ist es nicht komisch? Da kannst du vierzig Jahre lang deinen Müll trennen und dann – eine klitzekleine Vergewaltigung – *zack!* Alles ist futsch.«

Ich lief durch unendlich lange Meilen an Shops und irgendwelchen Blinklichtern. Gelegentlich passierte ich Imbissbuden, aus denen mich messerwetzende Männer anstarrten, bei denen man nie so recht wusste, ob sie mich nun bekochen oder abstechen wollten.

Noch vor zwei Tagen, direkt nach der Ankunft, war ich interessiert, fasziniert, begutachtete hier und da ein Kleidungsstück. Aber zum einen wusste ich nie so recht, wie viel Geld ich noch auf meinem Konto hatte. Zum anderen waren die wirklich schönen Produkte entweder genauso teuer wie bei uns oder sogar teurer oder – bei genauerem Hinsehen – potthässlich. Die T-Shirts für dreißig Yuan beispielsweise waren oft so komisch geschnitten, dass ich XXXL nehmen musste und trotzdem zu wenig Platz an den Armen hatte, am Bauch aber eine Unmenge an Stoff. Es war zum Mäusemelken. Gab es in ganz China niemand, der dicker war als ich?

Erinnern Sie sich noch an den Vergleich mit dem dreißigteiligen Büfett, bei dem man nur zwei Dinge *nicht* absolut widerwärtig findet? Genauso war es auch im Textilbereich.

Also stahl ich mich in eine kleine Seitengasse und aß etwas Sushi.

Der Sushi-Koch – *oder sagt man Sushié?* – hörte nicht den typisch-billigen China-Pop, sondern *Electro Trash* und harten Dubstep. So verschrien diese Musikrichtung auch ist, ich freue mich jedes Mal, wenn ich sie irgendwo höre. Vielleicht auch nur, weil mir die Musik vertraut ist. Ja, vielleicht ist Dubstep für meine Ohren das, was McDonald's und Oreo-Kekse für den Gaumen sind.

Als ich nach einem Getränk fragte, verließ der Koch den Herd und gab mir zu verstehen, dass ich ihm folgen solle. Dann lief er – mit Handschuhen und Kochmütze und allem – ein paar Hundert Meter in eine weitere Seitengasse. Ich folgte ihm brav. Auf einmal sah es aus wie im 19. Jahrhundert. An den Wänden lungerten Prostituierte und Arbeiter, die – müde vom Tag – ihre Shirts hochkrempelten und sich die dicken Bäuche streichelten, die weniger Bäuche waren, sondern vielmehr große Trommeln. Es war wie in einem beliebigen Buch von Dostojewski: alle Frauen Nutten, alle Männer Gauner.

Ach ja, Dostojewski, dachte ich weiter. Wieso habe ich eigentlich nicht mehr von dem gelesen? Die Bücher sind fantastisch. Sie versprühen diese kühle Christopher-Nolan-Genialität. Und natürlich ist es umso faszinierender, wenn man sich länger mit Dostojewski befasst. Den *Spieler* zum Beispiel soll er in einer Sitzung geschrieben haben. *Schuld und Sühne* erschien als Episodenroman und gilt gleichzeitig als eins der am besten durchkomponierten Bücher. Faszinierend auch, dass Dostojewski eine seltene Form von Manie hatte mit dem Symptom, dass man sehr viel schreibt. Wenn man Dostojewski liest, liest man also buchstäblich seine Krankheit. Auf der anderen Seite, dachte ich, ist das ja gewissermaßen immer so, dass man die Krankheit liest. Dann kaufte ich eine Packung Oreo-Kekse.

»Das«, sagte Herr Winkelförster am nächsten Tag schulmeisterhaft, nachdem ich berichtet hatte, »ist eins dieser typischen Chinaerlebnisse: Man ist im H&M und will nur etwas zu trinken kaufen und auf einmal steht man in einer Gasse, die aussieht wie in einem Bruce-Lee-Film. Aber keine Angst: Man blendet hier sehr viel sehr schnell aus. Das ganze Elend, das einem am Anfang noch überall ins Gesicht springt, und diese allgegenwärtige Schäbigkeit wird schon nach wenigen Wochen einfach herausgefiltert.«

Ich wurde um Punkt zehn am Hotel abgeholt, und sofort wusste ich, dass ab heute wieder ein ganz anderer Wind wehen würde. Herr Winkelförster trug Anzug und hatte auch sonst etwas sehr Feines. *Schnittig* war vermutlich das beste Wort, um ihn zu beschreiben, er sah ziemlich genauso aus wie Mike Ross aus *Suits*, und als ich ihm von meinem chaotischen Wochenende in Guangzhou erzählte, wusste er auf alles eine passende Antwort: Das Hotel ohne Fenster sei nicht normal, der Preis für das Waschen meiner Wäsche, fast 450 Yuan, was einer Summe von über fünfzig Euro entsprach, viel zu hoch, eine unzensierte Internetverbindung relativ leicht zu bekommen. Hostels seien prinzipiell besser als Hotels. Pleco sei eine super App, um sich zu verständigen, und *Lonely Planet* der beste Reiseführer für China.

Im IKEA würden die Leute in den Testbetten schlafen. Ganze Familien kämen das Wochenende über, um die Zimmer zu »testen«. Früher hätte das die Geschäftsleitung verboten, aber dann dermaßen hohe Umsatzeinbrüche erlebt, dass es nun überall erlaubt sei. Zwanzig chinesische Kinder, die sich auf einem Bett zusammenkauern, das einen Namen hat wie *Smörebröd*. Noch vor zwei Wochen hätte ich das für abstrus gehalten. Auf einmal klang es wie das Normalste auf der ganzen Welt.

In Guangzhou dürfe man nie, nie, *nie* mit privaten Taxis fahren, meinte Herr Winkelförster – so wie ich das vom Flughafen aus mit Foxy getan hatte –, und nie den vollen Preis bezahlen und dass es »absurd« sei, wie viele Internetseiten in den letzten paar Monaten offiziell verboten worden seien. Vor zwei Jahren – so Herr Winkelförster – sei das Internet noch etwas komplett anderes gewesen. *Googlemail* zum Beispiel habe man erst seit Kurzem gesperrt, weil sich Google grundsätzlich weigere, Begriffe wie *Freiheit*, *Demokratie* und *Tibet* aus ihrer Suchfunktion zu streichen. Selbst das Wort *Zensur* sei in China zensiert. Herr Winkelförster erzählte mir, dass es trotz Facebook-Verbot in China fast einhundert Millionen angemeldete Facebook-Nutzer gab. Und dass man daran einmal mehr sehen würde, wie groß das Land doch sei.

»Wie ist das hier mit den Leuten?«, fragte ich, während der Van durch die chinesische Pampa bretterte. Draußen war es wieder sehr braun. Braun wie eine Uniform im Ersten Weltkrieg. Braun wie die Finger von jemandem, der selber dreht. Oder ein Filter bei Instagram. »In Taiwan hat man mir erzählt, die würden das alles gar nicht so mitbekommen und auch nicht verstehen, wie stark man sie verarscht.«

»Ach«, sagte Herr Winkelförster, »es ist letztlich wie im Rest der Welt auch: Die gebildete Schicht weiß, wie sie an Informationen kommt. Und der Rest … hat Wichtigeres zu tun. Und ist eher damit beschäftigt zu überleben, als für soziale Gerechtigkeit zu kämpfen oder so. Abgesehen davon sind die Chinesen kein besonders aufmüpfiges Volk.« Und wie um seine Aussage zu unterstreichen, erschienen stadtauswärts Plantagen vor dem Van, wo Bauern mit den typischen flachen »China-Hüten« in noch typischerer Manier Wasser trugen: mit einem Stock auf dem Rücken, bei dem an jedem Ende je ein Holzeimer Wasser hing.

»Aber bei uns ist die Medienlandschaft ja auch weitgehend gleichgeschaltet«, sagte Herr Winkelförster. »Das kannst du genau beobachten, wenn Fußball-WM ist und ausnahmslos alle großen Medien vier Wochen lang quasi von nichts anderem berichten. Und zwar nicht nur die *Bild*-Zeitung, sondern auch die *Zeit* und der *Spiegel*.«

»Extrem fand ich den Skandal um Guttenbergs Vornamen«, sagte ich.

»Was war da?«, fragte Herr Winkelförster.

»Der hat doch so viele Namen«, sagte ich. »Ich glaube, es sind zehn Stück. Und als er 2009 Wirtschaftsminister wurde, hat jemand bei Wikipedia einen elften hinzugefügt, um zu schauen, wer bei Wikipedia abschreibt und wer nicht. Und was kam raus? Na?«

»Keine Ahnung.«

»Alle.«

»Also war Guttenberg streng genommen in zwei Abschreib-Skandale verwickelt«, stellte Herr Winkelförster fest.

»Ja«, sagte ich. »Und dreimal dürfen Sie raten, an welchen der beiden Skandale man sich jetzt noch erinnert. Von wegen Qualitätsjournalismus. Es ist entweder Betroffenheitsjournalismus oder Meinungsmache ...« Plötzlich tat sich die *McKeen International School Guangzhou* – die Schule, wo ich um elf Uhr einen Auftritt haben würde – vor uns auf.

»Wow«, entfuhr es selbst dem sonst so smoothen Herrn Winkelförster, als wir in die Einfahrt fuhren – vorbei an den Wachen. »Das ist ja richtig schön!«

»Waren Sie noch nie hier?«, fragte ich.

»Nein. Normalerweise arbeite ich als Jurist im deutschen Konsulat.«

Die *McKeen International School Guangzhou* war in einem Laubwald direkt an einem kleinen, idyllischen See gelegen. Gleich am Eingangsbereich gab es einen Swimmingpool in schönem David-Hockney-Blau, welcher wie eine Terrasse seitlich am See abschloss. Die Tore vor der Schule waren groß, mit goldenen Knäufen und Marmorlöwen an beiden Seiten. Ich kam mir vor wie in *Scarface*. Wo war das Kokain, wo das Hummerfleisch?

»It is so nice to have you here!«, sagte eine schick gekleidete Lehrerin mit Dutt. »The kids are really excited! They have been looking forward to seeing your performance for almost two weeks now.« Ihr Lächeln kam mir auf einmal so unendlich weiß vor. Es war das weißeste Lachen, das ich seit langer Zeit gesehen hatte. Wie diese Wandfarbe, die noch mal weißer ist als weiß. Ich glaube, sie heißt *Alpinaweiß*.

Die *beduttete* Lehrerin führte Herrn Winkelförster, den stämmigen Fahrer, der sich als George vorgestellt hatte, und mich in einen Klassenraum, der so groß war wie eine Minigolfanlage.

»How many people are there going to be?«, fragte ich.

»About twenty«, sagte sie.

»Which age?«

»From eight to sixteen«

»And how good is their German?«, fragte ich.

»Oh«, sagte sie und funkelte mit ihren Zähnen. »They are all Germans. But we have 40 minutes left so ... let's have a coffee break!«

Sie führte uns über den Campus, vorbei an üppigen Basketballplätzen, Tischtennisplatten, selbst gebastelten Kunstwerken, Trophäen und zu einer tropisch anmutenden Cafeteria. Das alles war quasi genau das Gegenteil von dem, was ich die letzten Tage gesehen hatte. Guangzhou, wie ich es erlebt hatte, war die Hölle. Ein schäbiger, großer, stinkender Moloch. Eine 13-Millionen-Einwohner-Gegend, die komplett nach nassem Hund roch. Aber das hier ... war der Himmel. Man konnte es nicht anders sagen. Es war wie eine Show mit Florian Silbereisen. Nur ohne Florian Silbereisen.

Wir holten uns einen Kaffee mit perfektem Milchschaum in der Schülercafeteria und genossen ihn in einem schattigen Bereich am See.

»Das ist einfach der Hammer hier«, sagte ich zu Herrn Winkelförster, der in diesem Setting erst recht sehr schnittig wirkte, geradezu martialisch, ein bisschen wie ein Scharfschütze. Unser Fahrer George holte sich eine Zeitung und legte sich in einen Liegestuhl. Wir würden ihn nachher dann wieder abholen. Auch wenn mir das sehr suspekt war, ein Chinese, der *George* heißt.

Ich fragte die Lehrerin, ob ich richtigläge in meiner Annahme, dass das eine Privatschule sei.

Jaja, sagte sie.

Wie viel sie denn koste, fragte ich.

Puh, sagte sie. Das könne man nicht so genau sagen. Es müsse aber auf der Homepage stehen.

Ungefähr, fragte ich schnell.

130 000 Yuan im Jahr, sagte sie wie aus der Pistole geschossen. Also um die 20 000 Euro.

Ich fragte, wer sich das denn leisten könne. Und überhaupt, wie das zusammen passe: Kommunismus und Privatschule.

Sie sagte, hier seien hauptsächlich Ausländer. Chinesen, die hier zur Schule gingen, müssten sich vorher eine andere Staatsangehörigkeit kaufen. Aber auch das wäre o. k.

Aha, sagte ich. Na, das sei aber eine interessante Interpretation des Kommunismus.

Ja, sagte sie und lächelte. Mit Geld könne man hier alles machen.

Wir blickten nachdenklich auf den See. Ich war mir sicher: Die *McKeen International School Guangzhou* war der Traum eines jeden Schülers. Sie war wie Hogwarts. Fehlten nur die Eulen. *Guru. Guru.*

Ich fragte, ob man hier schwimmen könne.

Nein, sagte Herr Winkelförster. Er sei sehr giftig. Und wurde künstlich angelegt, damit es hier schöner aussehe. Der See hieße Golden Lake, weil auf der anderen Seite ein Viertel für die Reichen sei, deren Kinder hier zur Schule gingen.

Die Auftrittsstunde funktionierte ziemlich gut. Ich merkte schnell, dass die Kinder alle sehr weit waren für ihr Alter. Sie lachten an den richtigen Stellen.

Wahrscheinlich, dachte ich, sind sie zum einen aus gebildeten Schichten und zum anderen oft mehrsprachig aufgewachsen. Kinder, die mehrsprachig aufgewachsen sind, wirken oft reflektierter. Das liegt daran, dass Gedanken bei der Übersetzung weniger emotional werden. Wie ich später erfuhr, war die *McKeen International School Guangzhou* zudem sehr liberal und offen. Fast ein bisschen wie eine Waldorfschule bei uns. Nur dass sie ihren Namen nicht tanzen mussten. Aber es gab lockere Unterrichtszeiten, eine Bibliothek voller kritischer Bücher und – ganz wichtig – ein geheim verschlüsseltes WLAN, bei dem einfach alles funktionierte. Erst jetzt merkte ich, wie sehr mir YouTube und Facebook gefehlt hatten! *Kola mit Ice* von Money Boy hörte ich gleich dreimal hintereinander.

Auch der anschließende Workshop lief wie am Schnürchen. Es waren nur acht Schüler gekommen, die alle sehr nett waren und motiviert wie ein Gastarbeiter am ersten Arbeitstag.

Zuerst machten wir einen *Low-Ball-Slam*, das heißt, die Schüler mussten einen möglichst schlechten Text schreiben und diesen möglichst schlecht performen. Das ist eine bewährte Taktik, um die Hemmschwelle zu senken und sich dem Thema *Dichtkunst* spielerisch zu nähern. Durch das Ziel, möglichst »schlecht« zu schreiben, begibt man sich automatisch in die Situation, nicht genial sein zu wollen – was eh der beste Ausgangspunkt ist für kreative Arbeit.

Wie in Deutschland verdrehten die Kinder, nachdem ich die Aufgabenstellung formuliert hatte, die Augen und stellten untadelige Fragen: *Wie lang muss mein Text sein? Muss er sich reimen? Muss ich ihn auswendig vortragen? Und was, wenn er wirklich ganz schlecht ist?* Doch als ich ihnen versicherte, dass das alles keine Rolle spiele, es ginge wirklich nur darum, überhaupt etwas zu Papier zu bringen, und im Anschluss selber anfing, mich der Aufgabe zu widmen, und sogar Herr Winkelförster den Stift zückte, waren alle hochkonzentriert.

Nachdem alle ihre schlechten Texte vorgetragen hatten, gab es eine Feedbackrunde. »Was habt ihr so beobachtet?«, fragte ich. »Was haben die Leute gemacht? Was war richtig schlecht?« Nach kleinen Anflügen von Schüchternheit kamen wir zu folgenden Punkten: Ein richtig schlechter Bühnenpoet ist, wer

- die Leute nicht anschaut, sich sogar vom Publikum wegdreht.

- schlecht reimt.

- den Text lange und unnötig einleitet.

- undeutlich spricht.

- unnötig Pausen macht.

- während des Auftritts sein Textblatt fallen lässt und / oder

- einfach aufs Klo rennt.

»Außerdem«, ergänzte ich, »sollte man seinen Text nie als schlecht ankündigen. Das klingt banal, aber ihr könnt euch nicht vorstellen, wie viele Leute an ein Mikrofon gehen und sagen etwas wie: ›Ja, sorry. Aber das habe ich letzte Nacht noch so hingekritzelt. Ich habe eine Wette verloren und war besoffen.‹«

Im Umkehrschluss bedeutet das, ein guter Bühnenpoet

- sucht den Augenkontakt.

- vermeidet *Reim-dich-oder-ich-fress-dich-* und *Haus-Maus*-Reime.

- kommt gleich zur Sache.

- spricht deutlich.

- hält die Spannung.

- lässt sein Textblatt nicht fallen.

- rennt nicht einfach aufs Klo.

und

- entschuldigt sich nie für seine Texte.

Danach war die erste Stunde auch schon vorbei. Bei der zweiten – und letzten – Übung mussten die Kinder einen Aufzähltext schreiben. Das ist ein Text, der aus mehr oder weniger willkürlichen Sätzen besteht, die immer den gleichen Satzanfang haben. Der Witz ist: Dadurch, dass man immer gleich anfängt, wird eine ungeheure Kreativität entfacht. Für den Zuhörer ist durch die Wiederholung per se eine Struktur gewährleistet. Der Text ist also sowohl leicht zu schreiben, als auch leicht vorzutragen. Das Problem bei vielen Anfängertexten ist, dass sie nicht einfach genug sind. Durch diese Übung werden die Schüler gezwungen, einfach zu schreiben.

Auch die Ergebnisse der zweiten Stunde ließen sich sehen. In Deutschland hatte ich nie erlebt, dass in ausnahmslos jedem Teilnehmer eines Workshops – außer Herrn Winkelförster – tatsächlich Talent schlummerte. Das waren keine Kinder, das waren kleine Topmanager. Aber irgendwie war es ja auch kein Wunder, bei der besten Schule der Welt.

Kleines Herz

Meine kleine Schwester ist nervig – okay, sehr nervig.

Meine kleine Schwester liebt die Farbe Grün, und deshalb darf niemand einen grünen Teller haben – außer ihr natürlich.

Meine kleine Schwester spielt gerne im Puppenhaus.

Meine kleine Schwester sieht manchmal aus wie ein Hase.

Meine kleine Schwester will nicht wie ein Hase aussehen, sondern wie ein Kaninchen.

Meine kleine Schwester singt sehr gerne deutsche Lieder, aber nur, wenn ich meine Hausaufgaben mache, damit sie mich stören kann.

Meine kleine Schwester schwimmt sehr gerne, auch ziemlich gut.

Meine kleine Schwester findet es doof, dass ich immer noch schneller bin als sie.

Meine kleine Schwester hasst es, Kleider oder Röcke zu tragen.

Meine kleine Schwester wäre, glaub ich, gerne mal für ein paar Tage ein Junge oder irgendein anderes komisches Lebewesen.

Meine kleine Schwester ist gar nicht so klein.

Meine kleine Schwester ist neun Jahre alt.

Meine kleine Schwester ist ein bisschen verrückt.

Meine kleine Schwester baut oft Mist, um dann die Schuld auf mich schieben zu können.

Meine kleine Schwester schafft es erstaunlicherweise jedes Mal, meine Eltern davon zu überzeugen, dass ich an allem schuld bin.

Meine kleine Schwester findet es wahrscheinlich nicht so toll, was ich hier über sie schreibe.

Meine kleine Schwester nutzt es aus, die Kleinere zu sein.

Meine kleine Schwester ist aber eigentlich gar nicht so schlimm.

Betriebsdirektor

Ich war jetzt gut eine Woche in Asien, und ich war angeschlagener als Günter Grass' Reputation nach der Veröffentlichung von *Beim Häuten der Zwiebel.*

Mein Bauch war aufgebläht wie ein Ballon. In meinem Kopf wummerte es ununterbrochen, und von dem vielen Schlafmangel hatte ich ein denkbar schlechtes Körpergefühl. Das heißt, ich fühlte mich unausgeglichen, schlapp, apathisch und eine ganze Menge anderer Adjektive. Facebook fehlte mir, der Sport fehlte mir, und Schokolade fehlte mir auch.

Eine der schlimmsten Folgen von zu wenig Schlaf ist, dass es einem egal ist, was man isst. Und dass man vor einer großen Auswahl an Speisen gerne zu den süßen und fettigen Versionen greift, weil man sich durch sie einen Energie-Boost erhofft. Und das war in einem Land wie China, wo ohnehin schon die Hälfte der Mahlzeiten aus weißem Zucker und altem Öl besteht, keine gute Eigenschaft.

Mein Bauch war richtig prall. Und meine Gedärme waren es auch. Bei der leisesten Berührung pupste ich laut wie eine Autohupe. Im Grunde war ich nichts als ein wandelndes Furzkissen. Ich hatte die neunzig Kilo überschritten. Ich spürte es. Als Nächstes waren die hundert dran.

Doch auch mein Kopf war nur noch ein Schatten seiner selbst. Ein Gesicht mit Hals. Wie schlecht die Workshops im Vergleich zu meinen gewöhnlichen waren, konnte ich nicht beurteilen, weil ich schon froh war darüber, dass ich keine Totalausfälle hatte, nicht einfach aus dem Nichts anfing, herumzubrüllen oder in die nächstgelegene Duschkabine rannte, mich dort weinend auf den Boden der Duschwanne setzte und stoisch wippend fünf Ave Maria aufsagte. Aber besonders gut können sie nicht gewesen sein. Selten hatte ich hier noch das Gefühl, der Situation wirklich gewachsen zu sein.

Meine Haare fielen aus, meine Augäpfel fühlten sich an, als würde man in ihnen eine Ameisen-Sitcom drehen, ich hatte Augenringe, bald würde man mein Alter daran ablesen können. Mein Kopf war schon morgens gerötet. Wie bei einem Säufer. Und wahrscheinlich tanzte mein Cholesterinspiegel Cha-Cha-Cha. Ich spürte: Wenn ich länger hierbleiben würde, China brächte mich um.

Thema Nr. 1

Kartoffel liebe ich nicht.
Kartoffel lieben die meisten Deutschen.
Warum ist Kartoffel so beliebt?
Heute Morgen suche ich im deutschen Stadtzentrum nach Nahrung,
weil ich ein ausgezeichnetes Essen für meine Gastmutter kochen will.

Aber ich kann nur Kartoffel finden.
Kartoffel, Kartoffel. Immer nur Kartoffel.

Kartoffel, Kartoffel, nichts als Kartoffel.

Alles mit'm Mund

Wieder aus dem Schlaf gerissen. Wieder ein Treffen um neun. Wieder kein Frühstück. Wieder eine unruhige Nacht. Wieder zwei Schlaftabletten meines gewohnten Fabrikats, die ich irgendwann um halb drei nacheinander nahm, weil alles nichts half. Diesmal war es das Brummen der Klimaanlage, mein immer noch halb verschleppter Jetlag und das unangenehme Völlegefühl, das ich seit Tagen mit mir herumtrug. Schon seit dem Wochenende hatte ich nicht mehr ... nun ja ... sagen wir ... *die Kachelabteilung besucht.* Jetzt war Mittwoch.

Ich denke, es war eine Kombination aus fettigem Essen, vielem Fleisch, vielem Reis und wenig Obst. Jedenfalls wurde mir klar: Es brauchte nicht mehr viel, und ich würde den Verstand verlieren. Im wahrsten Sinne des Wortes. Spätestens jetzt wurde mir klar, dass mir die Reise noch stark an die Substanz gehen würde.

Ich stand also gewohnt planlos und gerädert auf und rannte zum McDonald's, um mir wenigstens noch einen Pappbecher Kaffee in den Rachen zu schludern, bis mich eine Frau vom Deutschen Akademischen Austauschdienst abholen würde.

Die Frau vom DAAD trug ein feines Abendkleid und sah insgesamt ein bisschen streng aus. Wie diese Frau in *Breaking Bad*, die den Kaffee immer so auffällig süßt. Auf der Fahrt erklärte sie mir, was mich an der *Sun Yat-sen-University* erwarten würde: Ein zweistündiger Workshop vor zwanzig Studentinnen, die alle seit zwei Jahren Deutsch lernten.

Als ich die erste Übung des Workshops erklärte, merkte ich, dass das eine ganz andere Nummer werden würde. Manche Studierende sprachen gar kein Deutsch. Ich musste improvisieren. Und erlaubte ihnen erstmals, auch Texte in ihrer Muttersprache zu verfassen. Schließlich ging es mir ja nicht um die Sprachkenntnisse, sondern darum, dass die Leute schrieben. Und dass ich meine Schlaftablette endlich abbaute, deren Wirkung nur langsam aus meinem Schädel hinaus und über die Arme durch die Fingerspitzen das Weite suchte.

»Hier«, sagte die Frau vom DAAD, während die Schüler sich an die erste Übung machten, und drückte mir einen weiß-blau gestreiften Fetzen in die Hand.

»Was ist das?«, fragte ich.

»Das ist ein HSV-Schal und ein HSV-Trikot«, sagte sie. »Für die Besten.«

»Eine Belohnung?«

»Ja.«

»Aber wozu? Es geht hier gerade darum, sich *nicht* mit den anderen zu messen.«

»Aber ... vielleicht machen das ja ein paar Leute besonders gut.«

»Und überhaupt: ein HSV-Schal? Das ist ja wohl das schlimmste Kleidungsstück von allen. Allein die blauen Fransen sind so ziemlich das Hässlichste, was ich je gesehen habe. Ganz ehrlich: Ich glaube, ich würde mir lieber einen Kartoffelsack über den Kopf stülpen, als einen HSV-Schal anzuziehen.«

»Sollte es lieber ein HSV-Handschuh sein?«

Es war hoffnungslos. Aber immerhin entstanden ein paar gute, also ehrliche Texte. Das war das Wichtigste. Bei der Aufgabe, ein »typisch deutsches« Gedicht zu schreiben beispielsweise, entstand eine kleine und sehr komische Miniatur zum Thema Kartoffel.

Generell ist das ja immer spannend, wie Deutschland von außen wahrgenommen wird. Man erinnere sich nur an diesen skurrilen *Oktoberfest-Tag-der-Deutschen-Einheit.*

Noch während die Workshop-Teilnehmer an ihren Texten arbeiteten, schrieb ich die Wörter

lustig
traurig
neidisch
müde
wütend
dankbar
nervös
arrogant
selbstbewusst
glücklich
verliebt
monoton
impulsiv
sarkastisch
beschwingt
musikalisch
schüchtern
enttäuscht
böse
hungrig
manisch
energetisch
verliebt

tabellarisch auf ein Blatt Papier und zerriss dieses so, dass jeweils ein Wort auf einem Papierfetzen stand. Zuvor hatte ich die Klassenlehrerin Frau Cheng gebeten einen Lexikoneintrag zum Thema *Frankenland* für alle zu kopieren.

Die Frau vom Deutschen Akademischen Auslandsdienst hieß übrigens Frau Li. Allein namenstechnisch war das alles hier wieder hochinteressant. Eine dritte Frau, die beim Empfang dabei gewesen war, hieß Frau Wang. Und die Schüler hatten alle möglichen Vornamen. Sie hießen Onion, Mary Jane, Mittens, Cara, Camilla, Molly, Apple, Penelope und Karl.

»Okay«, sagte ich. »Auf der Bühne geht es viel um Performance. Ein Freund hat mal gesagt, es sei sechzig Prozent Performance und vierzig Prozent Text. Manchmal sind es auch siebzig Prozent Performance und dreißig Prozent Text oder achtzig Prozent Performance und zwanzig Prozent Text. Aber die Performance ist immer sehr wichtig. Selbst wenn jemand einen Text vom Blatt abliest und in den Boden stammelt. Der Gesamteindruck muss stimmen. Und es ist immer gut, wenn man sich dessen bewusst ist.

Ihr bekommt jetzt einen Text. Jeder denselben Text und jeweils eine Emotion. Ich möchte, dass ihr euch im Stillen überlegt, wie ihr den Text in der entsprechenden Emotion *performen* könnt. Ich werde alle Emotionen an die Tafel schreiben. Und dann performen wir den Text in der jeweiligen Emotion. Und die anderen müssen die Emotion erraten.

Manche Emotionen sind sehr schwer – zum Beispiel *melancholisch*. Andere sind sehr leicht – zum Beispiel *müde*. Aber ihr bekommt das hin. Falls ihr das Wort nicht kennt, müsst ihr mich fragen.«

Die Studentinnen klatschten in die Hände. Karl zwinkerte mir zu. Er sah aus wie ein sehr speckiger Jet Li. Mit Brille und Geheimratsecken. Und Mundgeruch hatte er, dass die Wände wackelten. Zuvor hatte er auf seine Kommilitoninnen gezeigt, sich danach auf die Brust geschlagen und gesagt: »Einziger Maan«.

»Yeah«, sagte ich und gab ihm die Gettofaust. In Deutschland, dachte ich, wärst du der *wackste* Typ der ganzen Schule. Ein klassischer Nerd. Aber schön für ihn, dass er das hier nicht war. Nein. In dieser Klasse war Karl der King. Der Hahn unter Hühnern. Sexy wie ein Vampir aus *True Blood*, bei dem jede noch so kleine Bewegung beobachtet wurde. Alles, was er sagte, war ein Witz, und ich fragte mich, ob er das ausnutzte. Also sexuell. Dann fragte ich mich, ob überhaupt irgendwer im Raum schon mal Sex gehabt hatte – einschließlich der Lehrerin Frau Li. Jetzt erst fiel mir auf, dass in China eine allgegenwärtige Asexualität herrschte.

Als die Übung losging, entstand etwas, was man nur als *Partyatmosphäre* beschreiben konnte. Schon als die erste Studentin namens Kendra zum Pult vorging, rief eine Studentin »Verliebt!«, noch bevor sie etwas sagen konnte. Die anderen Studentinnen lachten und klatschten in die Hände. »Nein!«, sagte sie und lachte ebenfalls. »Verliebt!«, riefen sie noch mal. So ging das ewig weiter. Hin und wieder blickte ich zu Frau Cheng und Frau Li, deren Mienen sich mit jedem Vortrag verfinsterten. Und wer konnte es ihnen verübeln? So viel Emotionen zum Frankenland … Da musste man ja grantig werden.

Nach der Übung schrieben wir Liebesgedichte an Gegenstände – und ritten auf der Welle weiter. Auch hier waren ein paar richtig schöne Texte dabei. Zum Beispiel ein Text über einen Spiegel mit der Zeile: *Sehe ich in dich / Sehe ich in mich.*

Gerade wenn man bedenkt, dass ausnahmslos alle Workshop-Teilnehmer nie zuvor eigene Texte geschrieben hatten. Heraus kamen unter anderem ein Liebesgedicht an Papier, eins an Geld und eine Ode an die deutsche Sprache von einer pfiffigen Studentin namens Missy.

»Jetzt ist es halb elf«, sagte ich. »Wir können entweder Schluss machen oder noch eine Übung.«

»Noch eine Übung!«, rief eine kleine Studentin in der ersten Reihe. »Okay«, sagte ich und überlegte. *Denk, denk.* »Weil viele von euch schon Sprichwörter verwendet haben, schauen wir mal, was ihr für Sprichwörter kennt …« Das war genau genommen keine Workshop-Einheit, sondern Teil des Spiels *Activity Professional*, von dem ich seit kurzem großer Fan war. »Ihr überlegt euch jetzt eine Geschichte mit drei Sätzen. Dann sagt ihr: *Und die Moral von der Geschicht* … Und dann kommt euer Sprichwort. Zum Beispiel … äh … Es war einmal eine junge Frau. Sie hatte ein gebrochenes Herz.« (»Aaaaw«, machten alle.) »Das war sehr schade. Aber dann wurde sie älter. Und es ging ihr schon viel besser. *Und die Moral von der Geschicht*: Die Zeit heilt alle Wunden.« Was danach entstand, war nicht weniger als eine Sammlung kleiner Kunstwerke. Nie zuvor hatte ich so sehr das Gefühl, wirklich gute Arbeit geleistet zu haben. Und langsam begann ich, ihn zu verstehen, den chinesischen Spirit.

Hose runter

Hand aufs Herz. Was zur Hölle ging in einer ausgewachsenen Person vor, die noch nie Sex gehabt hatte? Mehr noch: der nie den Gedanken verspürte, sich auch nur auf die Suche zu machen nach einem sexuellen Abenteuer?!

Das Thema ging mir nicht mehr aus dem Kopf. Sex brauchte man doch! Sex war wichtig! Wie sagte man so schön? *Hose runter, Frust raus.* Die omnipräsente Keuschheit widerte mich an. Das war doch nicht normal! Fallt doch mal übereinander her! Dachte ich. Seid doch mal animalisch! Was dachte sich jemand, der nie Sex hatte? Dachte der sich etwa: »Sex … was soll das?« So als wäre Sex ein Fussel oder so? Dachte der sich: »Bäh. Rumgefummel ist so glitschig.« Oder: »Ich komme eh nie. Sex mit mir ist wie *Warten auf Godot.*«

Vielleicht hielten sie hier Sex ja auch für etwas Banales, schoss es mir durch den Kopf. Etwas, das Loser hatten. Vielleicht dachten die sich: »Wenn Sex so toll wäre, gäbe es ja Bonbons mit Penisgeschmack.« Das hat ein befreundeter Bühnenpoet mal gesagt.

Vielleicht hatten sie Angst vor der peinlichen Stille danach. Ich jedenfalls wusste danach nie, was ich sagen sollte. »Vielen Dank?«, »Gratulation?«

Vielleicht dachten sie: Sex, ach komm … Lass stecken … Das ist so nervig. Und dann kostet das ja auch noch immer so viel Geld! Jedes Mal denke ich mir danach: Die 3,99 € hätte ich auch sinnvoller investieren können als in K. o.-Tropfen. Zum Beispiel in drei Tiefkühlpizzen. Oder einen Ein-Euro-Jobber, der die ganze Zeit hinter mir herläuft und nach jedem meiner Witze ein *BA-DUM-ZZ* macht. Den könnte man dann fast vier Stunden lang einstellen. Und nach der dritten Stunde würde er sagen: »Ich geh mir jetzt drei Tiefkühlpizzen kaufen.«

Ich versuchte, mich ernsthaft in diese keuschen Studenten hineinzuversetzen. Ein Kumpel von mir hatte mal gesagt: »Sex ist wie Pizza: 'ne gute Pizza ist richtig gut. Und 'ne schlechte Pizza … ist immer noch 'ne Pizza.« Worauf ich geantwortet hatte: »Sex ist eher wie Pizza Calzone: Wenn ein Kind rauskommt, denkt man sich: *fuck*.«

Sex. Sex. Sex. Interessant ist es ja schon, dass gerade das Wort Sex so steril klingt. Wie ein Reinigungsmittel. Und dass man es nicht verniedlichen kann. Schließlich gibt es kein Diminutiv von Sex. Wie nennt man das, wenn zwei Liliputaner miteinander Sex haben? Oder zwei Kinder? Ist das etwa ein »Sexle«?

Wie ich so stundenlang über Sex nachdachte – und zwar weniger an den biologischen Akt, sondern mehr an Sex *als Konzept* –, desto unsinniger schien mir das Ganze. Welchen Vorteil konnte ein Regime darin sehen, sexuelle Handlungen präventiv zu unterbinden?

Persönlich dachte ich übrigens früher immer, meine Spermien wären kleine Zwerge, die beim Sex durch meinen Schaft laufen und dabei singen: *Hei, ho, hei, ho. Wir sind vergnügt und froh.* Aber ab dem Zeitpunkt, da ich die Wahrheit kannte, war ich zutiefst enttäuscht. Na ja. So ist das halt.

Meine Welt

Nach dem Workshop ging ich mit der Literaturprofessorin Frau Cheng zum Essen. Ihre Miene, zuvor noch steif und finster, hatte sich aufgehellt. Sie schien glücklich und zappelte ein bisschen. Letzteres natürlich auch, weil sie Parkinson hatte. Insgesamt machte sie auf mich aber einen beruhigenden Eindruck. Wie eine Winkekatze oder so. Vielleicht lag das daran, dass sie einen exorbitant großen Kopf hatte. Mit exorbitant großen Augen darin.

Im Restaurant bekamen wir ein Extrazimmer in einem abgetrennten Bereich für uns zwei – also Frau Cheng und mich. In der Mitte des Tisches war eine große Scheibe, auf der man das Essen hin und her drehen konnte.

»Was wollen Sie?«, fragte Frau Cheng.

»Ich esse alles«, sagte ich. Wohlwissend, dass das hier regelrecht als Kampfansage verstanden werden konnte. *Alles* ist ziemlich viel. Und bei gebratenem Hund müsste ich schon dreimal überlegen. Eine Kellnerin kam, und Frau Cheng bestellte.

»Ich komme von einer Literaturtagung in Wien«, sagte sie im Anschluss.

»Oh toll«, sagte ich. »Wien ist gerade eine der schönsten Städte Europas. Vielleicht die schönste.«

»Jaja«, sagte Frau Cheng.

»Wie lange hat die Literaturtagung gedauert?«

»Acht Tage.«

»Super.«

»Ihr Workshop hat mir gut gefallen!«

»Danke«, sagte ich. »Endlich sagt's mal einer.«

»Generell finde ich es schön, wenn man Studenten auch für das Banale begeistert.«

»Äh … Danke. Aber ja … Literatur ist meine Welt … Haben Sie eigentlich Lieblingsautoren?«

»Borchert.«

»Oh. Den kenne ich aber gar nicht.«

»Das kennen Sie bestimmt, Herr Spitzer. *Draußen vor der Tür.*«

»… *steht … 'ne kleine Hexe?*«

»Borchert ist sehr früh gestorben.«

»Und wen mögen Sie noch?«

»Büchner.«

»Den kenne ich! Ich habe mal *Gehirne* gelesen. Das war richtig abgedrehte Scheiße … äh … Ich meine: hochinteressant. Büchner ist auch sehr früh gestorben.«

»Ja«, sagte Frau Cheng. »Ich mag alle Autoren, die sehr früh gestorben sind. Da muss man nicht so viel lesen.«

Ich erzählte ihr die Anekdote von Stefan Zweig und Thomas Mann. Thomas Mann hatte, nachdem Zweig sich im Exil das Leben genommen hatte, einen offenen Beschwerdebrief geschrieben, was das denn soll, dass sich ein so großer Mann mit Vorbildfunktion das Leben nahm. Frau Cheng lachte.

»Dieser Thomas Mann«, sagte ich. »Er war wirklich ein Freak.«

»Ja«, sagte Frau Cheng.

Dann kam die Vorspeise.

»Das ist Schweineknochensuppe«, sagte Frau Cheng. »Gut für den Hals und die Haut.«

Oralsex, dachte ich, ist auch gut für Hals und Haut, sagte es aber nicht. »Und der Tee?«

»Jasmin-Tee«, sagte sie. »Gut für den Hals und die Haut. Als ich hier hergekommen bin, haben mir die Leute gesagt, ich solle viel Tee trinken und Suppe essen. Das sei gesund und würde die Haut glätten.« Offensichtlich hat es gewirkt, dachte ich. Wenn Frau Cheng in den Siebzigern in Deutschland studiert hatte, musste sie schon um die sechzig sein. Aber sie sah höchstens aus wie Mitte vierzig. Das war manchmal ganz verblüffend, wie gut sich hier manche Leute gehalten hatten. Aber klar. Die Ernährung basierte viel auf Grünkohl und Fisch, zwei der gesündesten Lebensmittel überhaupt. Außerdem gab es wenig Gluten, wenig Milchprodukte und wenig Kaffee, drei Lebensmittel, deren Wirkungen auf den menschlichen Körper zumindest umstritten sind.

»Wie stehen Sie zu Rainer Maria Rilke?«, fragte ich Frau Cheng.

»Wie meinen Sie das?«, fragte sie.

»Finden Sie ihn gut?«

»Natürlich«, sagte sie. »Ich bin Literaturwissenschaftlerin.« Und leise seufzend fuhr sie fort: »Ich mag alle Autoren.«

»Rainer Maria Rilke ist so schön depressiv«, sagte ich. »Ich mag diese Haltung, die Welt eben nicht mit den Augen eines Kindes sehen zu wollen. Weil man sich denkt: Ich bin doch nicht ein Erwachsener geworden, um die Welt mit den blöden Augen eines Kindes zu sehen!« Frau Chengs Kopf wackelte. »*Die Aufzeichnungen des Malte Laurids Brigge*«, sagte ich ruhig, »ist eines meiner Lieblingsbücher.«

»Ja«, sagte Frau Cheng, als müsse sie dies bestätigen.

»Es hat einen super Anfang. Und viel mehr braucht ein Buch in meinen Augen nicht.«

»*Also hierher kommen die Menschen, um zu leben*«, zitierte Frau Cheng.

»*Mir scheint eher, es stürbe sich hier*«, beendete ich das Zitat. »Genau! Wissen Sie: Rainer Maria Rilke hat es als Einziger perfekt geschafft, Lyrik in Prosa zu übersetzen! In dem Buch steckt so viel Wahrheit! Und gerade, indem er den Fokus auf die Sprache lenkt und immer wieder seine eigene Subjektivität unterstreicht, kann er so viel Wahres sagen.« Ich schlürfte ein bisschen von der Schweineknochensuppe. Sie schmeckte genau so, wie man sich eine Schweineknochensuppe vorstellt. Also wie Hot-Dog-Wasser.

»Der Titel ist etwas komisch«, sagte ich. »Im Grunde hat er nichts mit dem Buch zu tun. Aber das ist egal, denn – wissen Sie – es ist kein perfektes Buch. Rilke hat selten perfekte Sachen geschrieben. Mal sind sie zu kitschig, mal zu flach. Aber seine Texte sind immer spannend. *Die Aufzeichnungen* sind das einzige Buch, das ich viermal gelesen habe. Und das, obwohl ich das letzte Drittel nie verstehe. Ganz gleich wie sehr ich mich anstrenge. Im Grunde ist es ein grauenhaftes Buch. Keine Handlung. Ständig irgendwelche unerträglichen Vergleiche. Ein Individuum, das sich selbst viel zu wichtig nimmt«, jetzt legte ich richtig los.

»Wissen Sie«, schulmeisterte ich, »die Leute reduzieren Rilke oft auf postpubertäres, schwülstiges Geseire. Aber Rilke hat sich immer weiterentwickelt. Er ist sein ganzes Leben lang gereist. Und hat immer in irgendwelchen komplizierten Verhältnissen gelebt. Ich denke, Rilke ist der erste wirklich moderne Sprachkünstler. Ich meine: Kafka und Schnitzler sind auch modern, aber da liegt der Fokus nicht so auf der Sprache. Aber Rilke ist … zum Schreien komisch. Beinahe Comedy.« Die letzten Sätze hatte ich nur noch zu mir selbst gesagt, die Schweineknochensuppe schnell hinunterschluckend, wobei ich mir befahl, nicht darüber nachzudenken, wie sie zubereitet worden war, geschweige denn, wie wohl der Koch ausgesehen haben mochte, was man hier im Übrigen sehr oft machen musste – nicht nachdenken –, wollte man den Spaß am Essen behalten.

»Das«, sagte Frau Cheng, als das nächste Gericht gebracht wurde, »ist Krokodilschwanz.«

»Ich habe noch nie Krokodilschwanz gegessen«, sagte ich und nahm mir ein Stück Fleisch, das so groß war wie ein Duft-Baum. »Aber lassen Sie mich raten: Es ist gut für die Haut?«

»Ja, genau«, sagte sie und lachte kontrolliert. »Aber nicht so gut für den Hals. Besser für den Rücken.«

Es schmeckte unglaublich knorpelig, das Kauen ging ganz schön auf die Zähne. Aber geschmacklich eine Siebenkommafünf.

Chinesen, hatte ich erfahren, standen auf verrückte Konsistenzen. Hühnerfüße zum Beispiel knabberte man hier hauptsächlich wegen der Konsistenz. Dann kam der nächste Gang. Irgendwelche schwimmenden, schrumpeligen Bällchen.

»Das … sind Wasserkastanien«, sagte Frau Cheng.

In der nächsten halben Stunde wurden Fleischbällchen, Zitronentörtchen, Grünkohl und allerlei Spezialitäten gereicht. Es war ganz fantastisch, aber als wir fertig waren, blubberte mein Magen. Ich hatte es geahnt: Ich hatte vier Tage Verstopfung gehabt, die sich jetzt, da ich endlich etwas Vernünftiges – also etwas anderes als fettiges Fleisch – gegessen hatte, löste. Ich konnte es kaum erwarten, auf den Topf zu kommen.

»Ich … äh … muss dann los«, sagte ich nach noch nicht einmal einer Dreiviertelstunde. »Mich ausruhen … Dinge vorbereiten … *Poetische* Dinge … Ich … äh … bin sehr müde.«

»Kein Problem«, sagte Frau Cheng und lächelte freundlich. Wir schüttelten uns die Hände.

Auf der Toilette fünf Minuten später brachen bei mir alle Dämme. Noch bevor das erste Atom meiner Pobacke die Klobrille küsste, schmetterte mein Darm einen dicken Schwall in den Untergrund, und ich war nicht mehr zu bremsen. Ich prustete, als wäre mein Arsch in den Genuss einer besonders smarten Pointe geraten, die Backen ballonartig mit Kaffee gefüllt. Ich knödelte in einer Tour. Ich knatterte, was das Zeug hielt. Ich kalbte, als wäre es mein Job. Ich platzierte einen Schokozylinder nach dem anderen auf dem Boden der Toilettenkeramik wie ein Konditor vor der Hochzeit seiner Lieblingstochter. Long story short: Ich schiss wie ein Gott!

Ich musste nicht groß, ich musste *größer*. Ich bestuhlte den Saal. Ich steckte mir eine aus Dung geformte Zigarre an. Ich nabelte eine Anakonda in die Kloake ab. Ich plätscherte ein Negativ-Büfett auf die Schüssel und verlor mich in den Details. Der Kack-Teufel hatte zum Tanze gebeten. Und ich nahm seine Offerte mit Handkuss. Kurzum: Ich ferkelte richtig ab. Alle Mahlzeiten der letzten vier Tage setzte ich als ZIP-Datei in die Toilette. Ich kotete nicht, ich *gebar*. Und ich war mir sicher, wenn ich fertig war, würde das Fabrikat in der Lage sein zu krabbeln. Es würde sprechen lernen – mindestens drei Sprachen –, und ich würde ihm einen Namen geben müssen, wahrscheinlich Knut.

Eine halbe Stunde war inzwischen vergangen, und ich ritt den weißen Porzellanbus noch immer. Es war wie beim Rodeo. Und es stank wie in einem Nilpferdhaus. Und nachdem ich meine Notdurft verrichtet hatte, würde man die Stadt zwangsevakuieren müssen, so viel war sicher, zwölf Millionen Einwohner hin oder her. Ich zuzelte alles aus meinen Schläuchen, und ich war mir sicher, dass ich danach hager aussehen würde. Ja, man würde mit meinen Wangenknochen Briefe öffnen können.

144

Als ich fertig war, betupfte ich meine Rosette mit dem Papier wie nach einer besonders festlichen Mahlzeit. Ich atmete tief durch, um das Ganze erst einmal sacken zu lassen. Und das Sacken meine ich zum Glück nicht wörtlich, wurden meine Hoden doch um Schamhaaresbreite nicht gedippt. Kaum zu glauben, dachte ich in Anbetracht des riesigen Berges Kot vor mir, zu was der Mensch alles in der Lage war! Und beinahe wehmütig betätigte ich die Spülung. Am liebsten hätte ich gewunken, denn: Jetzt wusste ich, wie sich ein Gott am siebten Tag gefühlt haben musste – kurz nachdem er die Welt erschuf.

Millionär

Eines Tages fand ein Mann ein Yuan auf dem Weg.
Dann kaufte er ein Lottolos mit dem Geld.
Dann gewann er zwei Millionen Yuan und auch noch eine Freundin.
Und die Moral ist: Alle guten Dinge sind drei.

Shampoo & Conditioner

Den Abend darauf verbrachte ich – wie so oft – mit Deutschen, die *vorübergehend* in Asien wohnten, wobei ich diese Formulierung immer komisch fand, weil ja jeder Mensch *vorübergehend* irgendwo wohnt, und die mir allerlei Tipps, Tricks und Kurioses mit auf den Weg gaben.

Ich las ungern Reiseführer. Das beste Argument, dachte ich immer, gegen ein Buch, das einen Titel hatte wie *1000 komisch kuriose China-Tipps*, war die Frage, was wohl in einem Buch *1000 komisch kuriose Deutschland-Tipps* stehen würde.

(Nach dem Buch *KulturSchock China* wird der Westen in der – übrigens erschreckend rassistischen – Volksweisheit wie folgt beschrieben: *Neger sind dumm und stinken. Westliche Frauen sind allesamt Prostituierte. In Italien bumsen sie sich öffentlich im Bus. Die Kultur der Westler besteht aus Sex, Drogen und Aids. Alle Deutschen liegen im Sommer nackt in den Parkanlagen. Deutsche Männer haben einen Bierbauch und sehen aus wie im siebten Monat schwanger.*)

»Hier in China«, riss mich die aus Bielefeld stammende Pädagogin Karin mit roten Haaren und Sommersprossen und diesem typischen Pädagogenlächeln aus meinen Gedanken, »düngt man nicht den Boden wie bei uns. Sondern die Pflanze direkt. Deshalb wird der Salat erst gekocht, bevor er serviert wird.« Aha, dachte ich. Ein klassischer *Fun Fact*. Wieder was gelernt! Irgendwann, dachte ich, muss ich mal anfangen, *Fun Facts* zu *Fun Facts* zu sammeln. Etwas wie: »Bei neunzig Prozent der *Fun Facts* stimmen die Zahlenangaben nicht.«

Eben hatte ich mich noch in einem spontanen Monolog über die Schmackhaftigkeit der gekochten Blätter ergossen. Aber jetzt, da ich die Hintergründe kannte, wusste ich nicht mehr, ob das nun etwas Gutes oder Schlechtes war. Generell war ich aber über die letzten Tage zu einem regelrechten Kohl-Fan geworden. Und Kohl soll ja wirklich so mit das Gesündeste sein, was es gibt. Sämtliche Hollywoodstars schwören auf grüne Smoothies. Mit Kohl, Sellerie oder Spinat. Wenn ich jetzt ein Startup-Unternehmen gründen würde, dachte ich oft, würde ich irgendwas mit grünen Smoothies machen. Oder besser noch: Gemüseeis. Das könnte klappen. Dann noch ein freches Logo und verbogene Löffel als Kleiderhaken. *ZACK!* Imperium.

Wir saßen in einem kleinen Imbiss, wo man sich Gemüse-, Fleisch- und Fischsorten in eine Messingschale geben und alles kochen und würzen lassen konnte. Das Ganze kostete zwanzig Yuan – also keine drei Euro – und schmeckte besser als jedes deutsche Asiengericht, das ich in meinem Leben gegessen hatte.

Generell war der Campus der *Sun Yat-sen-University* ein Highlight. Von mehreren US-amerikanischen Campussen inspiriert, gab es auch hier rote Ziegel, Statuen von wichtigen Dichtern und Denkern – allem voran dem chinesischen Gelehrten Sun Yat-sen, den ich – wie alle chinesischen Dichter und Denker – natürlich nicht kannte, und grünen Laubwäldern, gemischt mit Tennis- und Basketballplätzen.

Der Campus war sehr lebhaft. Es war voller als auf einer deutschen Kirmes, und überall konnte man niedliche Szenen beobachten. Zum Beispiel einen Studenten, der ein Herz aus Teelichtern vor ein Wohnheim gestellt hatte und unten mit einem großen Kuscheltier wartete. In China schien es zwar so etwas wie eine Trennung zwischen Schönheit und Kitsch nicht zu geben ... aber Romantik, die war wohl doch irgendwie da. Rilke hätte seine Freude gehabt.

»Die Studenten«, sagte die Pädagogin Karin, »wohnen hier alle auf dem Campus. Das müssen sie, damit man sie besser überwachen kann.« Sie erinnerte optisch ein bisschen an Adele. Und ich fragte mich, was eigentlich Adele so trieb. Klar, mit ihrem Song zum letzten James-Bond-Film hatte sie einen Hit gelandet und einen Oscar gewonnen, aber ihr letztes Album lag jetzt auch schon ein paar Jahre zurück, und es war überraschend still um die pummelige Sängerin geworden. So schnell kann's gehen, dachte ich. *Mal bist oben, mal bist unten.*

»Ist das mit der Überwachung schlimm?«, fragte ich und schämte mich gleich dafür. In China nach Überwachung zu fragen war in etwa so, wie wenn man nach Griechenland geht und sagt: »Habt ihr hier Oliven?«

»Na ja«, sagte sie. »Einmal im Gemeinschaftskundeunterricht gab es zum Beispiel eine Diskussion zum Thema Politik. Ein Student beteiligte sich nicht, sondern packte einen Notizblock aus und schrieb alles mit. Später stellte sich heraus, dass er in der Partei war und festhalten wollte, wie welcher Kommilitone tickt. Natürlich sind die Chinesen kritischer und reflektierter, als man in Deutschland denkt. Aber sie haben sehr feine Antennen dafür, wann sie was sagen dürfen und wann eben nicht. Wahrscheinlich müssen sie die auch haben. Ganz oft ist es hier so, dass irgendetwas nicht funktioniert, man aber nicht nach dem Grund fragen darf, weil man sowieso keine richtige Antwort bekommt. Es ist wie damals in der DDR: Wenn alles verboten ist und jeder trotzdem macht, was er will, gelten die typischen Gesetze von Ursache und Wirkung nicht mehr. Du rufst einen Klempner, weil dein Klo verstopft ist, und anstatt dass er dein Klo repariert, installiert er dir eine neue Gegensprechanlage. Und wenn du ihn fragst, wieso, sagt er: ›Psst, Klo reparieren ist hier verboten‹. Und dann stellt sich heraus, dass er gar kein Klempner ist, sondern ein Bäcker, bei dem es grad nicht so läuft. Solche Dinge, verstehst du?«

Ich nickte, an einem gekochten Salatblatt knabbernd.

Beim Workshop war mir aufgefallen, dass sich die Studentinnen sehr »teeniehaft« verhielten. Sie kreischten laut und schlugen ihre Handflächen an die Backen und umarmten sich bei jeder Gelegenheit oder stießen ein kollektives »Ooooh« aus, so wie man auf Englisch sagt »Aaaaw«. Außerdem sahen sie genau so aus, wie man sich asiatische Schulmädchen vorstellt. Fehlten nur noch die Zöpfe und ein Lolli im Mund. Da fiel mir auf, dass es mir bezüglich meiner sexuellen Auslastung ebenso ging wie mit dem Stuhlgang.

»Alle Studenten hier«, sagte Karin, »sind Einzelkinder, wohnen jetzt aber mit drei bis sechs Kommilitonen in einem Zimmer. Es ist wie in einer Familie. Da sie aber von ihren Eltern noch betüddelt wurden und hier generell alles sehr prüde ist, entwickeln sie jetzt so eine Art familiäres Schwarmverhalten. Sex und Beziehungen sind in China ein Tabu. Vor allem auf dem Campus. Man würde hier nie zwei Studenten Händchen halten sehen. Nur gelegentliche romantische Gesten sind erlaubt. Aber dann – nach der Uni – muss alles furchtbar schnell gehen. Dann sieht man die Schwiegermütter in den Parks stehen mit Steckbriefen von ihren Söhnen. Es ist verrückt. Aber mit der Zeit verliert man den Blick dafür.«

»Wie ist es hier eigentlich mit Homophobie?«, fragte ich.

»Homophobie«, murmelte Karin. »Ehrlich gesagt würde ich das Thema gar nicht erst anschneiden. In den Weltstädten Shanghai und Peking ist das sicher kein Problem. Aber hier? Puh. Sagen wir mal so: Ich habe noch nie jemanden seine Homosexualität öffentlich ausleben gesehen. Und Fremdenhass ist hier stark verbreitet. Wenn es eine Sache gibt, die man hier sehr schnell lernen muss, dann ist das, die Dinge nicht groß zu hinterfragen.«

»Aber ...«

»Glaub mir. Ganz egal, wie gerne man über Dinge nachdenkt. Es bringt nichts. Und wenn die Zusammenhänge gesellschaftspolitisch sind ... bringt es noch weniger.«

Das stimmte mich nachdenklich. Erst in der vorherigen Nacht hatte mir ein ehemaliger Kommilitone aus dem Mathematikstudium per E-Mail einen Essay geschickt über das, was »typisch östlich« und »typisch westlich« ist. In Asien zum Beispiel – so der Essay – würde weniger kategorisiert und die Dinge mehr in Beziehung gesetzt werden. Gab man Deutschen und Chinesen beispielsweise die Begriffe *Pferd, Affe, Banane,* fassten Deutsche eher *Pferd* und *Affe* zusammen und die Chinesen eher *Affe* und *Banane*. Die Deutschen also – so die Schlussfolgerung – typisierten, kategorisierten und schubladisierten mehr, wohingegen die Chinesen die Dinge eher als ein Beziehungsgeflecht betrachteten. Auch bei den Begriffen

(Deutsch		Chinesisch)
Auto	Zug	Schienen
Seife	Shampoo	Haare
Vater	Mutter	Kind
China	Deutschland	Berlin

war das so. Zudem sähen sich Chinesen – so der Essayist – mehr als Teil eines großen Ganzen, als Knoten in einem Netz, während Deutsche sich mehr als Individuen betrachteten, was man zum Beispiel auch an den typischen Brettspielen *Go* und *Schach* erkennen könnte: Während es bei Schach eine Vielzahl von Figuren verschiedenen Ranges mit verschiedenen »Fähigkeiten« gab, waren beim Go-Spiel alle Steine gleich, sodass es mehr um die Formation und das Zusammenspiel der Steine ging als um ihre individuelle Klasse. Das alles erzählte ich Karin, die mir gespannt lauschte, während sie sich mit ihren Stäbchen mal mehr, mal weniger gekonnt Kohl- und Rinderstücke in die Backen schlängelte.

»Das fand ich auch am U-Bahn-System faszinierend«, sagte ich. »Diese Effizienz, mit der Ströme hier geleitet werden. Man kommt sich manchmal vor wie in einem Ameisenhaufen. Es geht vielmehr um das Kollektiv.«

»Da kann ich dir zustimmen«, sagte Karin. »Das ganze Land befindet sich noch in einer richtigen Aufbruchsstimmung. Dieses *Jetzt wird wieder in die Hände gespuckt, wir steigern das Bruttosozialprodukt.* Ich glaube, in drei Jahren ist China komplett westlich.«

»Drei Jahre?«, fragte ich verdutzt. »So schnell?«

»Vor zwei Jahren«, sagte sie, »gab es hier die ganzen McDonald's und Starbucks noch nicht. Und jetzt überleg mal, wie oft du allein hier schon im McDonald's warst … Vorhin hast du doch selbst erzählt, dass die *McKee International School* von 1997 die erste war und dass es mittlerweile zwanzig Privatschulen gibt in Guangzhou. Du kannst dir nicht vorstellen, wie schnell sich die Dinge hier entwickeln!«

Nachdenklich aßen wir weiter. Ich liebäugelte mit einem Granatapfelsaft, der draußen angeboten wurde. Granatapfel soll ja auch sehr gesund sein, dachte ich. Anders als es der aggressive Name vermuten lassen würde. Eventuell wäre das eine Möglichkeit, das Gemüseeis zu verfeinern.

»Aber ist es nicht verrückt«, sagte Karin, »in welch krassem Kontrast dieses Kollektivbewusstsein steht zur Ein-Kind-Politik? Das ist – glaube ich – das Verrückteste hier. Alle sind eine große Familie. Und trotzdem Einzelkinder. Das ist ein tiefer Widerspruch in der chinesischen Mentalität.«

»Stimmt«, sagte ich. Darüber hatte ich in der Tat nie nachgedacht. In gewisser Hinsicht hatte man hier nicht keine Geschwister, sondern unendlich viele. Schließlich wohnte man schon seit dem Kindergarten in Mehrbettzimmern mit irgendwas zwischen sieben und dreiundzwanzig Zimmergenossinnen beziehungsweise Zimmergenossen. Was das mit den Leuten machte, konnte ich mir nicht vorstellen. Intimität war praktisch nicht möglich. Wie wollte man sich beispielsweise in der Pubertät selbst befriedigen oder jemand mit aufs Zimmer nehmen, wenn man so viele Zimmernachbarn hatte?

Wir schlenderten durch die kleinen Seitengässchen, die wieder unglaublich schäbig und dreckig waren. Immer wieder roch es nach Pisse oder noch schlimmer. Aber jetzt, da ich von allen Seiten erzählt bekommen hatte, wie wenig kriminell China im Allgemeinen und Guangzhou im Speziellen war, konnte ich den Ausflug richtig genießen. Kaum zu glauben, dass ich keine Woche hier war. Mein Blick auf die Stadt hatte sich komplett gewandelt. Das Essen, der Lärm, die Unfreundlichkeit, das Chaos. Ich sah jetzt alles anders. Mehr noch, ich hatte das Gefühl, China im Kern zu durchgleiten. Und ich freute mich richtig auf die letzte große Etappe. Chengdu, dachte ich, ich komme!

Müde

Ich saß in einer DDR-Retrospektive und versuchte, nicht vor lauter Müdigkeit vom Stuhl zu kippen.

Die letzte Nacht hatte ich eine halbe Stunde geschlafen. Und das, obwohl ich die Nacht davor drei Stunden und die Nacht davor vier geschlafen hatte. Wahrscheinlich waren es seit Sonntag keine zehn Stunden. Insgesamt. Jetzt war Freitag.

Wenn man nach einer halben Stunde nicht eingeschlafen ist, soll man aufstehen und einen Spaziergang machen. Das hatte ein Schlafforscher mal zu mir gesagt. Und ich nahm es mir zu Herzen. Schließlich wurde das mit den Schlaftabletten langsam albern. Tagsüber war ich noch müde von den Tabletten und abends wach von dem Kaffee, den ich getrunken hatte, um die Tabletten zu bekämpfen. So durfte das nicht ewig weitergehen, sonst würde ich noch abhängig werden, dachte ich und schmiss die restlichen Pillen verärgert weg. Was natürlich dämlich war. Aber ich hatte meine Gründe. Schließlich war ich schon einmal schlaftablettensüchtig gewesen. Ein halbes Jahr lang brauchte ich Vivinox, um einzuschlafen. Manchmal drei Stück, weil eine oder zwei nicht mehr wirkten. Und damit war nicht zu spaßen. War Heath Ledger nicht an einer Überdosis Schlaftabletten gestorben?

Am Flughafen von Chengdu, was übrigens wie »Tscheng-Du« gesprochen wurde, holte mich mein Onkel ab. Er war der jüngere Bruder meiner Mutter, einer der unzähligen Geschwister meiner Eltern. Mein Onkel war deutscher Diplomat und wohnte seit zwei Jahren in China. Davor hatte er ein paar Jahre in Paris gewohnt und davor in Atlanta. Seine Frau hatte zwei Kinder tot geboren und war seit Frankreich starke Alkoholikerin. Sie lebte jetzt allein in Prag. Ihm hingegen ging es gut.

Mein Onkel war klein, fast ein bisschen bullig, mit einem spitzen Gesicht. Zudem hatte er Ohren, die so groß waren, dass er mit ihnen problemlos hätte davonflattern können. Also ohne dabei sämtliche Gesetze der Physik zu brechen. Zudem war er schlagfertig und sehr pünktlich. Ich glaube, *wendig* ist das beste Wort, um ihn zu beschreiben.

Und trotzdem hatte er etwas unglaublich Weltmännisches und *Chefiges*. Als könnte man ihn auch im Dschungel aussetzen mit nichts als einer Machete in der Hand und er wüsste sofort, was zu tun ist. Der Vergleich mit Frank Underwood aus *House of Cards* drängt sich an dieser Stelle irgendwie auf, aber irgendwie auch nicht. Schließlich sehen alle Männer in Anzug irgendwie aus wie Frank Underwood in *House of Cards*. Ähnlich wie – nach *Faserland* – alle Deutschen über fünfzig aussehen wie Nazis.

Mein Onkel zeigte mir die Stadt und erzählte von Chengdu. Zum Beispiel, dass es hier die meisten Pandabären gab. Und viele Autohersteller. Volvo, VW und so weiter. Dass Angela Merkel bei ihrer Asienreise nicht umsonst Halt in Chengdu gemacht hätte und dass er diese Asienreise organisiert habe.

Dass man vermute, in China würden bis 2035 etwa dreihundert Millionen Menschen in die Städte ziehen. Dass Chengdu generell die Stadt mit den meisten Großbauprojekten sei. Dass man hier über fünfzig Hochhäuser mit jeweils über sechzig Stockwerken gebaut hätte. Dass 2013 das *New Century Global Center* eröffnet wurde, das mit 1,7 Millionen Quadratmetern größte Gebäude der Welt. Dass jeder fünfte Computer weltweit aus dieser Stadt käme, achtzig Prozent aller iPads. Und dass es in Chengdu immer neblig sei. Und tatsächlich! Die Luft war milchig wie Tapirsperma. Oder pürierte Kakerlaken. Oder sonst etwas, das die C-Promis beim Dschungelcamp gurgeln müssen, wo ich dann nie genau wusste, wer mir mehr leidtun sollte: die Tiere oder die Promis.

»Außerdem«, sagte mein Onkel, »kommt ausnahmslos jeder in Gefangenschaft lebende Pandabär aus Chengdu.«

Wir aßen ein bisschen *irgendwas mit irgendwas*, und ich stellte fest, dass die sichuanesische Küche tatsächlich so scharf war, wie alle sagten. Ganz im Gegensatz zur kantonesischen Küche von Guangzhou, die eher dafür bekannt war, abwechslungsreich und süß zu schmecken. Keine Frage, dieses Essen würde zwei Mal brennen. Aber zum Glück hatte ich ja in Guangzhou so viel geschissen, dass es für das nächste Quartal erst mal reichen würde. Und so haute ich ordentlich rein.

Im Übrigen sind rund 120 Millionen Menschen der sichuanischen Sprache mächtig. Das heißt, zählte man es als eigene Sprache, wäre es die aktuell zehntmeistgesprochene Sprache der Welt – gleich nach Japanisch.

Wir besuchten das deutsche Konsulat, ein Großraumbüro im 25. Stock mit Wachposten am Eingang und *richtigem* Internet, fuhren kurz zu meinem Onkel nach Hause, zogen uns um und gingen zu den Feierlichkeiten anlässlich des 25. Tages der Deutschen Einheit und dem zehnjährigen Jubiläum des Konsulats.

Dort saß ich nun und wartete, bis er fertig war mit dem Büfett. Ich hatte meinen Onkel ein paar Jährchen nicht gesehen. In der Zwischenzeit musste er ein hohes Tier geworden sein. Jedenfalls hatte er die Begrüßungsrede gehalten. Und das, obwohl der stellvertretende Bürgermeister von Chengdu anwesend war. Ich saß in einer Art Pianobar vor dem großen Tanzsaal. Leute gaben ihre Jacken ab, rauchten Zigaretten und telefonierten. Vor mir auf der Leinwand sah ich einen Haufen Ossis mit Tränen in den Augen. Und zum ersten Mal wurde mir bewusst, wie verrückt das eigentlich war mit der Wiedervereinigung und wie toll. Dass man es tatsächlich geschafft hatte, ein Land zu vereinen. Ein politisches System umzustürzen. Und das alles, ohne Blut zu vergießen. Im China des Jahres 2014 wäre das undenkbar.

Gerade hatte ich das gedacht, da setzte sich eine Chinesin neben mich und rauchte eine schwarze Zigarette. Der Einzige, der das in Deutschland dürfte, dachte ich, ist Helmut Schmidt. Dann schlief ich im Sitzen ein.

Lass es raus

Ich habe vieles gegessen und vieles geschissen.
Ich habe lange Zeit geschlafen und fühle mich fit.

Und die Moral von der Geschicht:
Von nichts kommt nichts.

Pech gehabt

»Es ist schon Viertel nach sieben«, weckte mich mein Onkel. Und wieder hatte ich das Gefühl, die Wanduhr brächte mich um. Der Plan war, dass ich heute alleine für zwei Tage mit dem Zug nach Chongqing reisen, dann wieder nach Chengdu kommen, dann in die Provinzstadt Yuxi gehen und schließlich von Kunming aus nach Hause fliegen würde. Und wenn sich das für Sie nach *Ching Chang Chong* angehört hat, keine Angst: Mir ging es ähnlich.

»Weißt du, dass wir schon jetzt viel zu spät sind?«, fragte mich mein Onkel, weil ich immer noch im Bett lag.

»Ja«, sagte ich verschlafen, weil ich an dieser Stelle nicht erörtern wollte, dass man im Leben generell ja immer zu spät für irgendwas war. »Auf der anderen Seite«, hätte ich dann fortfahren können, »ist man ja auch immer für irgendwas zu früh. Nur das Hier und Jetzt reicht als notwendiger Knoten zwischen Vergangenheit und Zukunft, und Begriffe wie *zu spät* oder *zu früh* sind mir zu bürgerlich.«

Ich versuchte, mein Gesicht zu entknittern. »Ich … äh … habe meinen Wecker gehört, aber beschlossen, noch ein bisschen zu schlafen. Ich … äh … habe alles im Griff«, sagte ich und schnippte mit den Fingern, um meine geistige Schärfe zu demonstrieren. Das heißt: Ich versuchte, mit den Fingern zu schnippen. Sie verfehlten sich in der Luft, und wie um meine mangelnde geistige Präsenz optisch zu unterstreichen, sabberte ich eine lange Stange Schleim auf die Bettdecke.

»Wie dem auch sei«, sagte mein Onkel, nachdem er konsterniert innegehalten hatte. »Wir sind spät dran. Wenn du noch duschen willst, musst du jetzt unbedingt raus.« Na toll, dachte ich. Zum ersten Mal seit Tagen wieder richtiger Schlaf, und dann wird man so unsanft geweckt.

Aber wie sagte meine Oma immer so schön? *Das Leben ist wie eine Schachtel Pralinen. Es sei denn, man mag Pralinen.*

»Entschuldige bitte das Frühstück«, sagte mein Onkel. Es gab zwei Schweizer Käsesorten, ein bisschen Wurst und Vollkornbrot. Dazu Butter und einen Kaffee ohne Milch. »Aber es ist furchtbar schwer, hier ein ordentliches europäisches Frühstück zu bekommen. Selbst in den Fünf-Sterne-Hotels gibt es nicht viel mehr als das hier. Außerdem komme ich gerade aus dem Urlaub zurück und habe keine Milch mehr.«

»Ist alles super«, bestätigte ich knapp.

Zum ersten Mal in sechs Tagen hatte ich länger als drei Stunden am Stück geschlafen. Im Großen und Ganzen fühlte ich mich prächtig. Wie ein Zwerg unter Hobbits. Und das Frühstück war eines der besten der gesamten bisherigen Reise. Auch ohne Milch. Man sollte ja angeblich eh nicht so viel Milch trinken. *Milch und Gluten* – hatte ich mal irgendwo gelesen – *sind der Tabak unserer Zeit.* Wobei ich derartige Sätze grundsätzlich mit Vorsicht genoss. Das ist, als würde man sagen: *Lady Gaga ist wie Walther von der Vogelweide, nur später.*

»Gut«, sagte mein Onkel. »Wir sollten jetzt dann auch langsam aufbrechen. Bei mir auf dem Schreibtisch wartet ein großer Stapel Akten und ruft: ›Bearbeite mich!‹ Du kennst das bestimmt.«

»Ja«, sagte ich. »Bei mir auf dem Schreibtisch liegt immer ein großer fetter Joint und sagt: ›Rauche mich!‹« Mein Onkel lachte nicht. »Scherz«, sagte ich. Aber das machte es jetzt auch nicht mehr besser.

»Auf geht's!«, sagte mein Onkel. Der Zug fuhr um 9.04 los. Jetzt war es kurz vor acht.

Ich packte das Nötigste. In Chongqing hatte ich noch an diesem Tag um 19 Uhr einen Auftritt sowie einen Workshop am nächsten Tag in der Früh. Gestern bei den Feierlichkeiten zum 25. Tag der Deutschen Einheit hatte ich schon etwas mit den Lehrern der Universität gesprochen, die sehr nett gewirkt hatten. Typische Pädagogen halt. *Kennste einen, kennste alle.* Cordsakko, unmodische Frisuren, Brille, Stress. Fertig ist der Pädagoge.

»Hast du alles?«, fragte mein Onkel.

»Ja«, sagte ich.

»Geld?«, fragte er. »Zahnbürste? Texte? Reisepass?«

Ich durchkramte meinen Rucksack. Die Vordertasche, den Bauch und eine Tasche dazwischen. Nichts. Dann schaute ich in der großen Tasche nach. Erst vorne in den beiden kleinen Taschen, dann im Bauch, wobei ich mir schon dachte, dass ich da bestimmt keinen Reisepass hineingelegt hätte. Wieder nichts. Ich wurde nervös und röntgte den Rucksack ein zweites Mal. Jetzt schaute ich auch in der Laptoptasche, dem Kulturbeutel und sogar unterm Bett nach, wobei ich da schon schlafgewandelt haben müsste. Wieder nichts.

»Ich find ihn nicht«, sagte ich tonlos.

»Zeig mal deinen Rucksack her!«, sagte mein Onkel. Ich gab ihm meinen Rucksack, er durchsuchte ihn. Ich wurde nervös. Feuchte Hände. Angst.

»Was ist mit den Hosentaschen?«, fragte er.

»Hab ich schon geschaut«, sagte ich und durchsuchte nun auch die Hose, die ich gestern bei den Feierlichkeiten zum 25. Tag der Deutschen Einheit schon getragen hatte.

»Scheiße«, dachte und sagte ich. »Ich muss ihn gestern im

Flugzeug vor mir in die Sitztasche gesteckt haben. Das ist genau die Scheiße, die einem passiert, wenn man nicht geschlafen hat. Verdammt.«

»Das«, sagte mein Onkel ruhig, »ist richtig blöd. Die Züge zwischen Chengdu und Chongqing sind alle sehr voll. Und wenn wir jetzt erst einmal ins Konsulat müssen, schaffen wir es nicht mehr rechtzeitig. Eventuell musst du mit einem Fahrdienst nach Chongqing gebracht werden. Das dauert zwar doppelt so lange und kostet ein Vermögen, aber wenn es nicht anders geht, dann geht es eben nicht anders.«

Während der Autofahrt war ich sehr still. Die gute Laune von der durchgeschlafenen Nacht war wie weggeblasen. *Das ist genau die Scheiße, die einem passiert, wenn man eine Nacht nicht schläft*, wiederholte ich immer wieder. »Mir sind da schon die verrücktesten Sachen passiert. Auf dem Fahrrad einschlafen und so. Da denke ich mir dann jedes Mal: *Wieso ich?*«

Jedes Mal wenn ich »Wieso ich?« sagte, tat ich eine Geste, als würde ich die Götter verfluchen oder wahlweise in einem italienischen Restaurant etwas wie *bellissimo* sagen. Die Deo-Geschichte war nichts im Vergleich zu der Scham, die ich fühlte.

»Oh«, sagte mein Onkel. »Genau hier hätte eine Ausfahrt sein sollen. Die ist jetzt weg.« Er holte sein Navigationsgerät heraus und tatschte ein bisschen auf dem Display herum. Er gab ein: *German Konsulat Chengdu*. Nichts. *Konsulat Chengdu*. Wieder nichts. Schließlich tippte er einfach *Chengdu*, um zu testen, ob das Navigationsgerät funktionierte. Es funktionierte nicht. »Jetzt muss ich improvisieren«, sagte er. Und wenn man nicht gerade in einem Actionfilm war, war das bekanntlich immer ein schlechtes Zeichen.

Eine Viertelstunde später standen wir im Konsulat. »Mein Fehler«, sagte mein Onkel. »Da, wo ich langfahren wollte, gab es gar keine Autobahn mehr. Obwohl ich die noch vor zwei Monaten benutzt habe. Hier ändert sich das Stadtbild dermaßen schnell, dass es einen schon durcheinanderbringen kann. Ich hätte wissen müssen, dass das nicht mehr reicht.«

Na toll, dachte ich, jetzt macht er sich schon Vorwürfe wegen meiner Dummheit. Das war der Gipfel der Peinlichkeit. Viel schlimmer konnte es eigentlich nicht mehr kommen. Wobei, dachte ich dann, das ist etwas, das man nie denken darf. Ich könnte jetzt auch noch einen Gehirntumor haben oder eine seltene Krankheit oder in einen Erdrutsch geraten. Selbstverständlich konnte es schlimmer kommen.

»Wir haben zwei mittelkleine Probleme«, sagte mein Onkel zu einer Sekretärin-Schrägstrich-Praktikantin. Ich wusste hier nicht so genau, wer welche Funktion hatte. Es schien circa drei hohe Tiere zu geben und viele kleine Helferlein. Ein Konsulat ist wie eine Weihnachtsbäckerei: überall rund um die Uhr Organisation und Gewusel.

»Dieser Mann hier hat seinen Reisepass im Flugzeug verloren«, sagte mein Onkel. »Das heißt, wir müssen bei der Fluggesellschaft anrufen und fragen, ob sie den Reisepass gefunden haben. Wenn nicht, müssen wir einen vorläufigen Reisepass beantragen und den alten bei der Polizei als vermisst melden.«

Die Sekretärin-Schrägstrich-Praktikantin nickte. »Das wird alles kein Problem sein«, sagte sie.

»Glaube ich auch nicht«, sagte mein Onkel. »Das Problem ist das Visum.«

Niemand schien mir einen Vorwurf zu machen. Die Praktikantin rollte nicht einmal mit den Augen oder sagte etwas wie: »Mensch, Junge. Komm mal klar mit deinem Leben!«

»Und das zweite Problem?«, fragte sie, so trocken wie ein alter Butterkeks.

»Wir brauchen ein Zugticket für heute Mittag.«

Ich nahm in einem Büro von zwei weiteren Praktikanten Platz. Wieder waren alle hier furchtbar jung und kamen aus Hamburg. Die beiden Frauen waren 21, der eine Mann 23. Ich schämte mich zutiefst.

»Magst du einen Apfel?«, fragte die eine.
  »Magst du einen Joghurt?«, fragte er.
  »Magst du einen Kaffee?«, fragte mein Onkel.
  Und ich sagte: »Ja. Ja. Ja.«

»So«, sagte mein Onkel und betätigte die Kaffeemaschine. »Jetzt schauen wir mal, was dieses Konsulat so draufhat!« Dann verschwand er in den Gängen.

»Also, die Fluggesellschaft hat nichts gefunden«, sagte er eine Viertelstunde später. »Ich würde vorschlagen, du gehst jetzt runter und über die Straße. Schräg gegenüber ist ein Passfotoladen. Da machst du ein Passfoto für den vorläufigen Reisepass. Währenddessen überlegen wir uns hier, wie es weitergeht.«
  Ich stand auf und ging zur Türe.
  »Warte«, sagte mein Onkel. »Jens wird dich begleiten.«

Jens war ein lässiger und sehr schlaksiger Typ. Dazu war er blond. Wenn er durch die Straßen lief, machten die Leute ein Gesicht, als wäre er ein auf einem Sofa herumhopsender Tom Cruise. Andere bekamen es bei Jens' Anblick mit der Angst. Er war – ungelogen – doppelt so groß wie die meisten Leute hier. Und – genau wie Sebastian in Taiwan – schien er die Aufmerksamkeit zu genießen.

»Das ist mir wirklich sehr peinlich«, sagte ich.
  »Kein Problem«, sagte er weltmännisch. »Ich habe auch schon mal einen Pulli im Zug liegen lassen.«

»Netter Versuch«, dachte ich. Aber Visum und Reisepass waren so ziemlich das Schlimmste, was man verlieren konnte. Und wahrscheinlich gab es keinen schlechteren Ort dafür als China. Auf der anderen Seite, dachte ich, war das deutsche Konsulat wahrscheinlich wieder der beste Ort dafür.

Ich hatte Glück im Unglück im Unglück, also Un-Un-Glück. Wäre es ein Gericht, es wäre Glück im Pech-Rock.

»Der Smog ist heute unerträglich«, sagte Jens und blinzelte in die diesigen Straßenschluchten Chengdus. »Sogar ich habe heute zum ersten Mal einen Mundschutz getragen auf dem Weg zur Arbeit. Der Wert übersteigt die 250. Es gibt Arbeitsstellen, da dürfen die Leute bei solchen Werten zu Hause bleiben.« Er zeigte mir eine Smog-App auf seinem iPhone. »Schau mal«, sagte er, »in Peking ist der Wert heute bei über 300.«

»Und wann ist man tot?«, fragte ich.

Jens lachte.

»Was misst dieser Wert?«, fragte ich.

»Ach«, sagte Jens. »Das ist ganz unterschiedlich. Die Menge bestimmter Partikel pro *irgendeinem* Volumen. Sehr spezifisch, ich weiß. Aber inzwischen haben sie ohnehin kleinere Partikel entdeckt, die noch viel schlimmer sind.«

»Es ist also auf jeden Fall nicht so gesund, hier zu atmen«, bilanzierte ich scharfsinnig.

»Japp«, gluckste er. »Aber die Chinesen denken darüber, glaube ich, nicht so nach.«

»Und über was denken sie nach?«

»Hm«, sagte Jens. »Gute Frage. Schuhe, Fernsehen, Sport, Spielzeug.«

»Also genau wie bei uns«, sagte ich, »und woher kommt der Smog?«

»Unterschiedlich«, sagte er. »Es liegt auf jeden Fall nicht nur am Verkehr. Das ist ein weitverbreiteter Irrtum. Sonst gäbe es den Smog ja auch in anderen Großstädten außerhalb Chinas. In Peking sind es die Fabriken. Als sie die Betriebe bei den Olympischen Spielen ausgeschaltet hatten, war der Smog komplett weg. Außerdem schwanken die Werte in Peking auch am krassesten. Je nachdem, woher der Wind kommt. Da gibt es manchmal richtig klare Tage, was übrigens noch ein Indiz dafür ist, dass es nicht am Verkehr liegen kann.

In manchen Städten ist es die Kohle, mit der im Winter geheizt wird. Und hier ist es auch einfach das Wetter. Geo-ökologisch betrachtet ist der Smog hingegen sicherlich nicht schlecht, weil er die Chinesen in den letzten Jahren erheblich für Umweltschutz sensibilisiert hat. Auch wenn er seine Ursprünge nicht direkt im globalen Klimawandel hat.« Wir betraten einen Laden, der weniger wie ein Gebäude wirkte, sondern mehr wie ein großer Pilz. Darin gab es kaum mehr als einen Fotoapparat und eine weiße Plastikfläche. Jens redete mit dem Ladenbesitzer auf Chinesisch. Ich musste mich auf einen Hocker setzen. Der Fotograf plapperte ein paar Minuten auf mich ein. Jens übersetzte das mit: »Kinn bitte etwas höher.« Der Fotograf knipste, Jens bezahlte dreißig Yuan.

»Soll nicht ich …«, sagte ich.

»Ach Quatsch!«, sagte Jens. »Das bekommen wir eh alles erstattet.« Das war – glaube ich – das erste Mal, dass mir die deutsche Bundesregierung etwas spendiert hatte, ohne dass ich einen umständlichen Antrag stellen musste.

»Was hat es mit dem Ginkgo hier auf sich?«, fragte ich auf dem Rückweg und zeigte auf ein schematisiertes Blatt, das im Boden eingraviert war. Tatsächlich kannte ich das Blatt nur von einem ehemaligen Weimar-Besuch. Goethe hatte neben seiner Funktion als Poet nicht nur eine Farbenlehre begründet und den Mittelohrknochen entdeckt, sondern auch den Ginkgo nach Deutschland gebracht und bei uns angepflanzt. Er war eben einfach ein *verrückter Dude*, dieser Goethe. Ein richtiger Gangster.

»Ginkgo ist die älteste Baumart der Welt«, sagte Jens. »Und in Chengdu gibt es eine große Ginkgokultur. Gleich hier um die Ecke ist eine Ginkgoallee, wo die Touristen im Herbst kommen und die bunten herumtaumelnden Ginkgoblätter fotografieren. Ginkgo ist auch so etwas, das *gut für Haut und Hals* sein soll.« Er lachte laut, und es war verblüffend. Genau diese Formulierung hatte Frau Cheng verwendet! Was hatte es damit auf sich?

»Chinesen sagen, während sie essen immer, welche Speise für was gut ist«, erklärte Jens, als könne er meine Gedanken lesen. »Aber das ist meistens Humbug.«

Ein weiterer Mitarbeiter des Konsulats drückte mir ein Formular in die Hand. »Das bitte einmal ausfüllen«, sagte er – trocken wie das Fell eines Wüstenfuchses.

»Okay«, sagte ich. Und siehe da! Eine Viertelstunde später hatte ich einen neuen Reisepass. Mit Foto, Stempel und goldenen Buchstaben.

»Du musst jetzt zur chinesischen Polizei und deinen Reisepass als vermisst melden«, sagte mein Onkel. »Jens wird dich begleiten. In der Zwischenzeit buchen wir neue Zugtickets für den Nachmittag. Dann müssen wir nur noch ein provisorisches Ausreisevisum beantragen, und alles ist wieder beim Alten. Nur in Deutschland solltest du dann halt wieder einen Reisepass beantragen. Also einen richtigen.«

»Was, wenn es länger dauert bei der Polizei?«, fragte Jens.

»Dann müssen wir einen privaten Fahrer organisieren.«

»Muss der Fahrer dann auch in Chongqing übernachten?«

»Mist«, sagte mein Onkel. »Darüber habe ich noch nicht nachgedacht. Aber jetzt geht erst mal zur Polizei.«

»Sollen wir den mitnehmen?«, fragte Jens und wedelte mit meinem neuen Reisepass.

Mein Onkel überlegte. »Bei einer Verlustmeldung von einem Reisepass einen Reisepass mitnehmen?«, fragte er. »Das erscheint mir nicht besonders clever.«

»Oh Mann«, sagte ich wieder im Fahrstuhl nach unten. *Wieso ich?* Ich machte die *Bellissimo*-Geste.

»Auf der Polizei ist es eigentlich ganz entspannt«, sagte Jens, als wir durch eine typische chinesische Seitengasse liefen. Hier waren Obstverkäufer, kleine Supermärkte und alte Frauen, die am Straßenrand saßen und Strümpfe strickten.

»Chengdu wirkt generell sehr entspannt«, sagte ich.

»Ja«, sagte er. »Das sagen die Leute hier auch über sich. In Chengdu wird viel Tee getrunken.«

»Ich finde es toll, dass China so sicher ist«, sagte ich.

»Ja«, sagte er. »Die Repression hat auch ihre Vorteile. Wenn du dich nicht gerade auf eine Prostituierte einlässt. Aber selbst das gibt es hier immer weniger. Früher ist das sehr oft passiert: Eine Frau spricht einen Touristen in der Bar an. Dieser denkt sich: *Wow. Toll, dass ich hier so beliebt bin!* Und dann ordert sie einen Drink nach dem anderen und trinkt dabei aber selbst immer nur Zuckerwasser, und am Schluss bekommt er eine fette Rechnung. Oder ein Messer in den Rücken.«

»Hm«, sagte ich. »Das ist aber nicht nett.«

Auf der Polizeistation war es denkbar skurril. Schon der Schriftzug draußen sah nicht nach Polizei aus, sondern eher nach einem heruntergekommenen Spielzeugladen. Das *P* von *POLICE* fehlte. Dort stand *OLICE*.

Und das sollte die »Gelbe Gefahr« sein, von der bei uns immer gesprochen wird? Kaum zu glauben, dass ich mich noch vor einer knappen halben Woche von diesen ganzen Wachtmeisterchen hatte beeindrucken lassen. Das dachte ich, als wir drin saßen, vor einem telefonierenden Beamten, der sporadisch seine Popel fraß. Wie alle hier rauchte er und spuckte in regelmäßigen Abständen auf den Boden. Er war untersetzt und trug eine Uniform, die ihm offensichtlich ein paar Nummern zu klein war. Vielleicht auch beim Waschen eingegangen. Jedenfalls war sie nicht mehr besonders schick. Er sah aus wie jemand, der sich an Fasching als Polizist verkleidet hatte. Und nicht nur sprach er kein Englisch, sondern auch noch ein so dermaßen schräges Chinesisch, dass selbst Jens, der des Chinesischen so mächtig war, dass er sogar Schriftzeichen lesen und schreiben konnte, ihn nicht verstand.

Die beiden verständigten sich mehr mit Händen und Füßen. Der Chinese wollte uns zum Flughafen und zum Polizei-Hauptquartier schicken. Typisch chinesisch, dachte ich, weil ich das noch von meinem Guangzhou-Hongkong-Trip kannte. Man ging zu einer Adresse und bekam zwei neue. Hauptsache durch die Gegend scheuchen. Für beides war keine Zeit mehr.

Nach einer längeren Diskussion, bei der sich auch drei weitere Polizeibeamte, die offensichtlich nichts zu tun hatten und froh waren, dass etwas passierte, einmischten, bekamen wir zumindest ein Formular, auf dem in chinesischen Zeichen stand, ich hätte meinen Reisepass auf dem Flughafen verloren. Mit Stempel der Polizei und Unterschrift. Dann musste ich meinen Daumen in ein Stempelkissen drücken und meinen Fingerabdruck hier und da hinsetzen.

»Wenigstens etwas«, sagte Jens auf dem Weg zum Konsulat zurück. Ich fragte mich, wo wir noch überall hinmussten. Ich war wirklich ein Idiot, dass ich meinen Reisepass verloren hatte! *Wie konnte das passieren?* Aber schon im Eingangsbereich des Konsulats wedelte mein Onkel mit einem kleinen Sticker und sagte: »Schaut mal, was ich hier habe! Es ist ein provisorisches Visum! Kleb das auf deinen provisorischen Reisepass und: voilà! Damit solltest du überall durchkommen.« Krass, dachte ich. Deutsche Formulare, auf die man schon in Deutschland wochenlang warten musste, konnte man sich hier einfach am Drucker ziehen. Offenbar hatte dieses Konsulat nicht nur was drauf, es war eine richtige kleine Wunderwerkstatt.

Wir verabschiedeten uns. Jens brachte mich zum Bahnhof. Auf dem Weg kamen wir an einer Mao-Statue vorbei. Jens zeigte auf die Statue und sagte: »Schau mal! Mao begrüßt dich hier in China!« Wie schön, dachte ich. Das Staatsoberhaupt, das nach westlichen Schätzungen bis zu 45 Millionen Menschen getötet haben soll … Zeit für ein Selfie!

»Warte«, sagte ich. »Ich hole mal schnell meinen Fotoapparat.« Und wie ich so in dem Rucksack herumkramte, entdeckte ich: meinen Original-Reisepass.

Ich zuckte zusammen. All die Schamgefühle der letzten Stunden potenzierten sich noch mal um ein Vielfaches. Ich konnte kaum atmen. Postwendend fasste ich einen Entschluss. Jens durfte nichts davon erfahren! Also holte ich ein Papiertaschentuch heraus, schnäuzte mich und warf es mitsamt Reisepass und ohne groß darüber nachzudenken in den nächsten Müll.

Jetzt hoffe ich nur, dachte ich, während ich ein Foto von der Mao-Statue schoss, dass ich den neuen Reisepass nicht auch noch verliere. Das wäre wirklich Pech.

Bombe

Der Auftritt an der *Sichuan University* in Chongqing, der mit 32 Millionen Einwohnern und einer Fläche Österreichs inoffiziell größten Stadt der Welt, verlief reibungslos.

Schon bei der Ankunft am Bahnhof wurde ich pünktlich mit einem Privatauto abgeholt. Und danach geradezu fürstlich bedient. »Was willst du essen?«, fragte die Fahrerin, mit der Kontaktperson vom Goethe-Institut telefonierend. Ich faselte etwas von wegen »Fisch und lecker«, und als ich ausstieg, wurde mir nicht weniger unter die Nase gehalten als ein monströser, leckerer Fisch. Mit Knoblauchöl, scharfer Soße, Grünkohl, Bohnen und Tee.

»Wie viel Zuschauer sind das ungefähr?«, fragte ich mit Blick auf die Uhr. Es war 18.40. Noch zwanzig Minuten.

»Ich weiß es ehrlich gesagt nicht«, sagte Mona, die Kontaktperson vom Goethe-Institut, was übrigens gar kein richtiges Goethe-Institut war, wie ich im Laufe des Gesprächs erfuhr, sondern eine »Art Goethe-Institut«, also mehr ein *Institütchen* – was auch immer das nun wieder bedeutete. Gab es hier überhaupt so etwas wie eine *richtige* Institution? Oder war alles *irgendwie* eine *Zwischenlösung?*

Mona überlegte. »Es könnten hundert Zuschauer sein, vielleicht aber auch zwanzig.«

Es folgte die zweite Standardfrage. »Können die Deutsch?«

»Hm. Denke schon. Leider haben wir es nicht mehr geschafft, all Ihre Texte rechtzeitig zu übersetzen.«

»Übersetzen?«

»Ja, wir werden die chinesischen Übersetzungen zeitgleich mit einem Videoprojektor an die Wand werfen. Wie wir es in dem Mailverkehr besprochen hatten.«

»Ach ja, richtig. Wissen Sie … Das Programm ist … sehr flexibel. Es ist stark. Aber auch lebendig. Kraftvoll und doch zart.«

»Lass mich raten: Du entscheidest spontan.«

»Stimmt.«

»Du musst dringend mal auf die Toilette.«

»Ja.«

»Und du hast dich überhaupt nicht vorbereitet.«

»Moment. Das ist ja eine ziemlich krasse Behauptung. Woher wussten Sie, dass ich dringend auf Toilette muss?«

»Das geht hier allen so.«

Ich fasse mich kurz: Mona war cool.

»Na ja«, sagte sie. »Jedenfalls wusste Gwyneth bei vielen Formulierungen nicht so ganz, was sie machen sollte.«

»Gwyneth?«

»Die Übersetzerin.«

»Die Übersetzerin heißt Gwyneth?«

»Mein Gott«, sagte Mona. »Wie lange bist du schon hier? Zwei Wochen? Wenn Chinesen Deutsch oder Englisch lernen, suchen sie sich einen Namen aus, der in ihren Augen europäisch klingt. Was glaubst du denn, wieso die hier alle Apple heißen oder Dragonheart? Das sind ja nicht ihre richtigen Namen. Was dachtest du denn?« Plötzlich fiel es mir wie Schuppen aus den Haaren! Deshalb hießen der Fahrer in Taipeh Lazer, die Frau in Guangzhou Foxy und die Schüler in Taipeh Odin oder Tigerlily.

Jesus, Maria und Josef, was war ich ein Idiot! Das waren keine *richtigen* Namen, sondern erfundene Spaßbezeichnungen, die sich die Leute selbst ausgesucht hatten, weil es sowieso keine »sinn-volle« westliche Übersetzung ihrer chinesischen Vornamen gab. Namen wie Heinz, Dirk, Wolfgang oder Leopold kann man nicht ins Chinesische übersetzen. Dafür sind die Sprachen einfach zu verschieden.

»Aber«, fragte ich, »hat Gwyneth denn die Gags verstanden?«

»Welche Gags?«, fragte Mona.

»Oh. Hm. Verstehe.«

»Weißt du«, sagte sie, »Ironie gibt es in China nicht. Die Leute lachen hier über andere Dinge. Zum Beispiel Slapstick. Oder Katzenbabys.« Keine Ironie? Wie war das möglich? Jeden-falls wurde mir jetzt einiges klar. Deshalb hatte bei meinen Auf-tritten niemand gelacht! Wenn Chinesen keine Ironie verstanden, verstanden sie ja quasi die komplette deutsche Geistesgeschichte falsch. Wie will man einen Thomas Mann verstehen ohne Ironie? Oder einen Loriot? Dieses ganze *peinlich genau hinschauen*. Wie soll das gehen ohne Ironie? Selbst Heinrich Heine oder Theodor Fontane versprühten die Ironie doch nur so. Von Max Goldt, ei-nem meiner Lieblingsautoren, ganz zu schweigen.

»Gibt es eine Toilette?«, fragte ich. Der Druck stieg.

»Klar«, sagte sie. »Türe raus und dann links.«

»Hallo, ich bin Lukas«, sagte ein Typ mit Hemd in der Türe. Er hatte einen kleinen Ohrring und gegelte Haare. »Willst du nach-her mit mir Party machen?«

»Party in China?«, fragte ich. »Klar.«

»Hier bekommst du den Alkohol in der Disco umsonst. Es ist total verrückt. Und die Frauen … Alter … Du machst dir keine Vorstellungen.«

»Okay, okay«, sagte ich. »Ich muss jetzt erst einmal kurz aufs Klo.«

»Ich bin erst einen Monat hier und habe schon neun Asiatinnen gebumst«, sagte er.

»Okay, okay«, sagte ich, wie um das zu bestätigen.

»In den Clubs bekommt man als Europäer alle Getränke umsonst«, sagte er. »Wann trittst du auf?«

»Vor zehn Minuten«, sagte ich und rannte weg.

Ein Glück, dachte ich auf dem Weg zur Toilette, dass die Chinesen genauso unpünktlich sind wie ich. Das war ja mal wieder ein Typ.

Auf dem Männerklo gab es zwei Möglichkeiten, ein großes Geschäft zu verrichten: entweder in der Hocke oder auf einer richtigen Schüssel, die allerdings direkt neben den Pissoirs war. Also ohne Kabine. Nein, dachte ich, so nicht. Auch wenn das angeblich gesünder für den Enddarm sein soll, in der Hocke zu sitzen statt auf der Schüssel. Das Geschäft musste vertagt werden! Übrigens: Es heißt *ein Geschäft verrichten*, weil man früher oft ohne Kabine nebeneinandersaß und tatsächlich Geschäfte verrichtete. *Fun Fact*. Klingeling.

Mona saß bei meiner Rückkehr schon auf der Bühne. »Alles klar?«, fragte sie.

»Logo«, sagte ich tonlos, wobei ich in Gedanken immer noch bei Lukas war. War das wahr, was er gesagt hatte? Ich hatte China bis jetzt als vieles empfunden, aber sicher nicht als Partynation.

»Herzlich willkommen«, sagte Mona. »Zum ersten Poetry-Abend in Chongqing!« Sie sagte das wie der Typ, der bei jedem Boxkampf *Let's get reeady toooo ruuuuuuuumble* sagt, und machte danach eine theatralische Pause, aber niemand klatschte.

Obwohl der Raum komplett voll war mit zweihundert – vorwiegend weiblichen – Chinesen, waren die Deutschlehrer in der ersten Reihe die Einzigen, die während meines Auftritts lachten. Selbst Gwyneth und Lukas verzogen keine Miene. Auch nicht, als ich »*Wo Bo Hui Shong Zo Weng*« sagte, was mir diese Ginger im Zug nach Hongkong beigebracht hatte, die ja – wie ich heute erfahren hatte – mit großer Wahrscheinlichkeit nicht wirklich Ginger hieß, was jedenfalls als Grußformel in einem *Face-to-face*-Gespräch mit Chinesen immer zumindest einen ganz kleinen Lacher provozierte. Ich erklärte kurz, was ein moderner Dichterwettstreit ist. Mit den drei Regeln und allem. Dann sagte ich das Übliche. Dass man nicht buhen dürfe und der Abend unter dem Motto *Respect the Poet* stand. Dass das Ganze in Deutschland populär sei. Dass es Poeten gäbe, die das hauptberuflich machten und richtig gut verdienten (»mehr als ein Arzt«). Dass man nicht reimen oder auswendig vortragen müsse und dass auch ernste Texte erlaubt wären. Zweihundert ratlose Gesichter.

»Gibt es Fragen?«, fragte ich. Es war so still, man hätte einen Zucchino schrumpeln hören können.

Eine kleine dicke Chinesin in der vorletzten Reihe sagte: »Langsamer.«

»Langsamer?«, fragte ich. »Okay. Hallo. Mein. Name. Ist. Thomas. Ich. Bin. Poet. Punkt.« Alle lachten. »Aaah«, sagte ich. Wieder Gelächter. »Noch einmal von vorne«, sagte ich, ging von der Bühne, ging wieder auf die Bühne und sagte: »Ni Hao!« Johlendes Gelächter, einige klatschten sogar.

Ich erzählte vom Workshop und gab Lukas zu verstehen, jetzt die von mir abfotografierten chinesischen Texte zu zeigen, die ich ihm vorher auf einem USB-Stick gegeben hatte. Das Liebesgedicht an die Kartoffel, an die deutsche Sprache und zweimal *Und die Moral von der Geschicht*. Nach jedem Text gab es Szenenapplaus.

Eine halbe Stunde später saß ich mit Mona in meinem Zimmer, wir tranken Dosenbier und Limonade. Ich war sehr zufrieden. Zum ersten Mal auf dieser ganzen Reise hatte ich das Gefühl, mein *Game* auf der Bühne so richtig entwickelt haben zu können. Gut, meine Texte hatte wieder keine Sau verstanden, aber meine Zwischenmoderation war so gut wie noch nie. Bis heute hatte ich gedacht, die Reise sei pure Zeitverschwendung. Etwas, mit dem man irgendwann versucht, seine Enkel hinterm Ofen hervorzulocken. Eine gelebte Anekdote. Ein Witz. Jetzt war ich mir da nicht mehr so sicher. Und das war durchaus etwas Positives.

Schon nach den ersten Schlückchen waren wir in Partylaune. Gwyneth, die mit ihren spitzen Wangenknochen und der hageren Statur etwas Heuschreckenartiges hatte, sang Lieder von den Prinzen. Auch Mona schien sehr zufrieden zu sein. »Eigentlich«, sagte sie, »muss ich Morgen ultraviel arbeiten.«

»Ach komm«, sagte ich. »Geh mit mir weg. Nur bis halb zwei.«
    Wenn es eine Sache gibt, die ich gut kann, dann ist das Menschen abfüllen. Ich weiß nicht, ob das etwas ist, auf das man stolz sein kann.
    »Okay«, sagte sie. Dann nahm sie einen großen Schluck Bier und sang mit Gwyneth:

Manchmal möchte ich 'ne Bombe sein
Und einfach explodieren
Wenn alle Leute »Hilfe« schreien
Dann würde was passieren

Abfüllen kann ja manchmal wirklich schwierig sein. In diesem Fall war es kinderleicht.

Mein bester Freund

Liebes Papier, ich liebe dich.
Ich kann alles auf dir schreiben.
Liebes Papier, ich liebe dich.
Du kannst immer bei mir bleiben.

Wenn ich Hunger habe, helfst du mir bei die Speisekarte.
Wenn ich Landschaft sehe, helfst du mir bei der Malerei.

Du bist mein bester Freund.

Das steht nicht nur auf einem Papier.

Locker bleiben

»Du trinkst keinen Alkohol?«, fragte Mona ungläubig.

»Genau«, sagte ich und zitierte Bismarck: »Die Verbreitung des Bieres ist zu beklagen. Es macht dumm, faul und impotent.«

Bei der Erwähnung des Eisernen Kanzlers schüttelte Mona lächelnd den Kopf. »Der berühmte Dichter Li Bai«, sagte sie, »soll im Suff ertrunken sein, weil er versuchte, das Spiegelbild des Mondes im Wasser zu umarmen.« Mona pausierte effektvoll.

»Aber in China gibt es ganz viele Leute in unserem Alter, die noch keinen Tropfen Alkohol getrunken haben«, fuhr sie fort. »Sie sehen einfach keinen Grund darin. Das ist ja auch der Grund, wieso Europäer hier in den Clubs überall kostenlose Drinks bekommen: weil sie Stimmung machen. In China saufen die Leute bei Geschäftsessen. Und dann aber wie die Verrückten. Das soll die Hemmungen fallen lassen und die Leute gefügiger machen für Geschäfte.«

»Mit Sicherheit soll es das«, sagte ich. »Wie beim Karneval in Köln oder auf dem Oktoberfest in München. Da werden ja auch viele Geschäfte abgewickelt.«

»Ja«, sagte Mona. »Nur mit dem Unterschied, dass man in Deutschland nicht seine Ehre verliert, wenn man nicht mittrinkt.«

»Seine Ehre?«

»Ja«, sagte sie. »Allerdings kann die Ehre gerettet werden,

wenn jemand anders trinkt. Deshalb gibt es hier extra Leute, die beruflich an Geschäftsessen für andere trinken.«

»Verrückt«, sagte ich. Das musste ich mal meinen ehemaligen Kommilitonen erzählen.

»Und wieso trinkst du nicht?«, fragte sie.

»Keine Ahnung«, gab ich mich betont lässig. »Ich habe aufgehört mit dem Scheiß.«

»Ein Kumpel von mir«, sagte Mona, »sagt immer, daran erkenne man wahre Alkoholiker: am Nichttrinken.«

»Und wahrscheinlich hat er recht«, sagte ich. »Aber weißt du, ich finde einfach, dass man bei dem ganzen Gesaufe nicht vergessen sollte, dass es auch noch so viele andere Drogen gibt, die man nehmen kann. Und dass das die Botschaft ist, die man an die Jüngeren weitergeben sollte.«

Mona lachte. »Zum Beispiel?«, fragte sie, wahrscheinlich weniger, weil sie mit allem, was ich so von mir gab, übereinstimmte, sondern mehr, weil sie wissen wollte, wohin meine Ausführungen noch gehen sollten.

»Ach, alles Mögliche«, sagte ich. »Stell dir vor, Fußballfans rauchten Marihuana. Bei jedem Tor würde das Stadion in schallendes Gelächter ausbrechen. Stell dir vor, Medizinstudenten nähmen vor jeder Operation LSD. Dann sähen alle Menschen aus wie Donatella Versace. Stell dir vor, im Bierzelt nähmen alle statt Bier Heroin. Der Satz *Ozapft is!* hätte eine ganz neue Bedeutung!

Alkohol ist so langweilig. Aber Leute verstehen das immer nicht, wenn ich sage, dass ich nichts trinke. Dann kommt immer: »*Waaas?* Und was machst du dann hier bei der Party?«

Mona gluckste. »Du hast recht«, sagte sie. »Leute sind so dumm. Die wollen es einfach nicht wahrhaben, dass sie selbst schlecht leben, und dann machen sie lieber den anderen runter, anstatt sich zu ändern.«

»Der Drang, sich moralisch erhaben zu fühlen, ist eben sehr groß«, sagte ich. »Es gibt Psychologen, die behaupten, das ist nach dem Sexualtrieb die wichtigste Triebfeder allen menschlichen Handelns.«

»Der Drang, sich moralisch erhaben zu fühlen?«, fragte Mona.

»Ja«, sagte ich. »Du kannst ihn bei jeder Diskussion, in jeder Familie, in jeder Beziehung, einfach überall beobachten. Die einen fühlen sich erhaben, weil sie sagen: *Griechen sind faul. Ich bin kein Grieche. Also müssen Griechen raus aus der EU.* Die anderen fühlen sich moralisch erhaben, weil sie sagen: *Jemand, der das sagt, ist ein Nazi.* Und ich wiederum fühle mich erhaben, weil ich erkannt habe, dass sich beide Parteien nur erhaben fühlen wollen.

Tatsächlich glaube ich, dass Begriffe wie *Idiot, Nazi, Sexist, Gutmensch* oder *Sozialschmarotzer* nur eingeführt wurden, um sich moralisch erhaben zu fühlen.«

»Hipster«, sagte Mona.

»Was?«, fragte ich.

»Das ist auch so ein Begriff«, sagte Mona, »Hipster: Niemand weiß so genau, was das genau bedeutet, aber jeder ist sich sicher: *Ich* bin kein Hipster.«

»Äh, ja«, sagte ich. »Genau.«

Mona überlegte. »Für mich klingt das alles irgendwie sehr relativistisch«, sagte sie schließlich.

»Das ist es auch«, sagte ich kleinlaut. »Aber so ist nun einmal Psychologie. Aber der Drang, sich moralisch erhaben zu fühlen, kann ja – wie der Sexualtrieb auch – zum Glück auch eine Funktion haben. Genauso wie der Sexualtrieb zu Kindern führen kann, kann dieser Drang ja auch tatsächlich zu Moral führen. Aber man sollte halt die Psychologie nicht außer Acht lassen. Und genauso ist es auch beim Alkohol. Man kann das nur vorleben. Aber sobald man versucht, Leute zu missionieren, werden sie sich instinktiv moralisch erhaben fühlen wollen.«

»Das ist wie bei Veganern«, sagte Mona. »Kennst du den Witz:

Woran erkennt man einen Veganer auf einer Party? Er erzählt es einem.«

»Der müsste genau genommen so gehen«, sagte ich: »Woran erkennt man einen Veganer auf einer Party? An den zwanzig Leuten, die um ihn herumstehen und fragen: *Waaas? Und was isst du dann?*«

»Genau!«, sagte Mona und lachte. »Die dann auch immer so passiv-aggressiv irgendwelche Sorgen äußern wie: *Und woher nimmst du dann dein Vitamin B48?* Keine Ahnung, Alter! Ich wusste bis vor fünf Minuten nicht einmal, dass es das gibt.«

»Woher nimmt ein Blauwal Rosinen?«

Mona lachte.

»Und beim Alkohol ist es genauso«, sagte ich. »Und alle Argumente dafür sind auch so schlecht. »Alkohol hat in Bayern Tradition!«, heißt es bei mir zu Hause immer. Ja, und wisst ihr, was noch Tradition hat? Alte weiße Männer, die Scheiße labern und Franz heißen.

Es gibt so viele geile Alternativen zu Alkohol. Was meinst du, wie viel Stil das hat, sich nachts um halb vier am Tresen einen Kaba zu bestellen. Oder ein Karamalz. Nein. Ich muss wirklich nicht mehr trinken. Ich hab einfach genug. Wie die meisten Jungs in meinem Alter habe ich schon in so ziemlich jeder Lebenslage gesoffen und gekotzt. Mit sieben Jahren habe ich das erste Mal von Apfelmost gekotzt. Mit dreizehn Jahren mussten mich meine Eltern mit einer Alkoholvergiftung im Krankenhaus abholen. Ich habe von einem Hausdach heruntergespien und in den Schirmständer eines Vier-Sterne-Hotels gereihert. Ich habe im Schlaf gekotzt und während einer Fahrradfahrt. Ich habe bei einer Poolparty in den Pool gekotzt, bei einer Schaumparty in den Schaum und bei einer Ladies'-Night in …«

»Na gut, lassen wir das«, sagte Mona.

»Stimmt«, sagte ich. »Du musst ja noch trinken.«

Besoffen vor Glück

Im Frühling fliegen Schmetterlinge.
Ich stehe auf der Wiese und schreie laut aus Freude.
Unglaublicherweise esse ich einen Schmetterling, und
ich habe einen Schmetterling im Bauch.

Backstagepass ins Himmelreich

»Eigentlich«, gluckste Mona nach dem dritten Bier, »kann ich die Prinzen nicht mehr hören.«

»Die sind doch super«, sagte ich. »Perfektes Songwriting. Die wahrscheinlich beste deutsche Popband, die es jemals gab!« Und dann begann ich zu singen:

Ich hab kein Geld, hab keine Ahnung
doch hab ein großes Maul!
Bin weder Doktor noch Professor,
aber ich bin stinkefaul!

Wir lachten. »Aber im Unterricht machen wir fast nichts anderes«, sagte Mona. »Immer nur Prinzen, Prinzen, Prinzen. Und manchmal vielleicht noch Hildegard Knef. *Für mich soll's rote Rosen regnen.* Oder Loriot.«

»Welch rigorose Auswahl«, sagte ich und musste an die Bibliothek denken mit der DVD von der *Vermessung der Welt*, der Hausarbeit über die Piratenpartei und *Wandern mit Wein*. Ich dachte an Flip, an Hedwig, an Roland, an Jay, Sebastian, den *Taipei-irgend-was-Tower*, das Wiedervereinigungsoktoberfest, den McDonald's in Hongkong und den Herrn Winkelförster. Das alles schien jetzt ewig weit weg zu sein. An Flip zum Beispiel konnte ich mich kaum noch erinnern. Wie sah der noch mal aus?

»Was ich nicht verstehe«, sagte ich, »wieso ihr nicht *Deichkind* ins Sortiment aufnehmt.«

»*Deichkind?*«, fragte Mona.

»*Krawall und Remmidemmi* ist der wichtigste Song der Nullerjahre. Vielleicht sogar meiner Generation. *Deine Eltern sind auf einem Tennisturnier. Du machst eine Party, wie nett von dir!* Das war unser *Smells Like Teen Spirit*, unser *Killing In The Name Of*. Das kann man gar nicht überbewerten!«

»Ich dachte immer, *Eyo Captain Jack* sei der wichtigste Song deiner Generation.«

»Ha! Aber vielleicht nehmt ihr irgendwann wenigstens mal *AnnenMayKantereit* auf.«

»Wer ist das?«

»Das sind so drei Straßenmusiker aus Köln. Ich habe sie letztens in Würzburg getroffen. Sehr nett.«

»Kenn ich nicht. Bist du musikalisch?«

»Nee. Ich hatte mal eine Boyband. Sie hieß *Asbest*, hat sich aber getrennt, noch bevor die erste T-Shirt-Kollektion in den Druck gehen konnte. Jetzt lege ich hin und wieder bei *Yardcrime* auf.«

»Hip-Hop?«

»Dancehall.«

Mona nickte.

»Ist es nicht interessant«, fuhr ich fort, »welche Bands wo im Ausland gehört werden? In den USA zum Beispiel war *Rammstein* der letzte Schrei. In Moskau wiederum angeblich eine lange Zeit *Modern Talking*. In Italien sind es die *Einstürzenden Neubauten*, und in Frankreich haben eine Zeit lang Schüler extra Deutsch gelernt, um die Texte von *Tokio Hotel* verstehen zu können. Ich frage mich immer, ob das etwas über das jeweilige Land aussagt.«

»Mit Sicherheit«, sagte Mona. »Die Amerikaner lieben Pyroshows, die Russen reiche Arschlöcher, die Italiener schwarze Gelfrisuren und die Franzosen … ach … die haben einfach einen Knall.«

»Und wieso hören die Chinesen nur die Prinzen? Ich meine, ich mag die Prinzen wie gesagt, aber es muss doch furchtbar sein, nur über Prinzen-Songs den Zugang zu einem ganzen Land, einer Kultur und vor allem einer Sprache zu vermitteln. Vor allem: Wie zur Hölle will ein Chinese auch nur einen einzigen Prinzen-Song verstehen, wenn er nicht weiß, was Ironie ist?«

»Das ist tatsächlich ein großes Problem. Meine Studenten hören Zeilen wie

Bereisen Sie Deutschland, bleiben Sie hier
Auf diese Art von Besuchern warten wir

Und denken, das sei ernst gemeint.«

»Verfickt und zugenäht«, sagte ich so, wie man sagt: *Potzblitz!* »Die Prinzen hatten doch immer schon einen hintergründigen Humor. Songs wie *Alles mit'm Mund* oder *Was soll ich ihr schenken* anhören, ohne den Humor zu verstehen, stelle ich mir grauenhaft vor.«

»Es ist grauenhaft«, sagte Mona.

Auf dem Weg nach draußen trafen wir einen Australier und eine Portugiesin. Sie hießen José und Ines und waren beide ziemlich bekifft. Sie schienen frei nach dem Motto zu leben: *Nie bremsen, nur abbiegen.* Bei José war jedes zweite Wort *Fuck.* Als ich ihm erzählte, dass ich Poet war und in der Schulzeit fünf Wochen in Hobart zur Schule gegangen war, kam er aus dem Schwärmen nicht mehr heraus. »Fuuuck«, sagte er und lachte. »That's fucking crazy!«

Er bat mich, etwas vorzuführen. Oh nein, dachte ich. Das passiert sehr oft, wenn ich abends unterwegs bin. Leute sagen: *Komm, Mister Poet. Jetzt hau mal einen raus!* Aber wenn man es dann macht, ist es nie cool. Außer, wenn einen – wie jetzt – niemand versteht. Ich performte einen kleinen Text, José klatschte vor Entzücken in die Hände.

»Do you like it here?«, fragte ich.

»Yes«, sagte José. »It's fucking paradise, man. China. Especially for smokers. A pack of cigarette costs 10 Yuan. And you can smoke them everywhere. We even smoke in class. There are even schools that are sponsored by cigarette companies which talk children into smoking, you know.«

»Fuck«, sagte ich. »That's craaazy.« Ich gab ihm die Gettofaust.

»Yeah, man. Fuck. And the chinese are so funny, you know? Sometimes I just laugh at them because they are so fucking funny.«

»Yeah«, sagte ich.

Eine halbe Stunde später fanden wir uns in einem kleinen Club, der Nuts hieß und nicht ansatzweise voll war. »In China gibt es keine Weggehkultur«, sagte Mona. »Die ganzen Clubs und Bars hier sind mehr für Austauschstudenten.«

Tatsächlich waren wir umgeben von Australiern, Europäern und vereinzelten Asiatinnen. »Chinesen sehen einfach keinen Grund darin wegzugehen. Sie singen Karaoke oder gehen etwas essen. Aber gesoffen wird dann erst später, mit den Arbeitskollegen.«

»Aber die brauchen doch auch mal ihren Rausch«, sagte ich, beinahe flehend. »Oder nicht?«

»Doch schon. Keine Ahnung, wie die sich den holen. Vielleicht auch gar nicht. Chinesen sind sehr … *seltsam*, weißt du?« In diesem Moment fiel mir auf, dass ich während der ganzen Reise noch keinen Deutschen getroffen hatte, der sich wirklich in China wohlzufühlen schien.

»Darf ich dich mal was ganz Dummes fragen?«, fragte ich. »Gibt es irgendwelche Interessen, die Deutschland an China hat *außer* wirtschaftliche?«

»Hm«, sagte Mona. »Das weiß ich nicht so genau. Es gibt ja schon die Theorie, dass es bei dem interkulturellen Austausch auch um Werte geht und so.«

»Hm«, sagte ich.

»Ich dürfte das wahrscheinlich niemals offiziell sagen«, sagte Mona, »aber: nein. Ich glaube nicht. Es geht wirklich nur darum, dass Deutschland China Autos verkaufen will und China von Deutschland wissen will, wie das geht. Also muss Deutschland schauen, dass es so einerseits viel Know-how abgibt, dass es weiter schön viele Autos verkaufen darf, und andererseits so wenig, dass China nicht allzu bald selber dazu in der Lage ist.« Ich nickte, beinahe traurig.

»Aber jetzt bekommst du erst einmal Taschengeld«, sagte Mona und gab mir 400 Yuan, was so ungefähr sechzig Euro waren, aber in China ein großer Batzen Kohle. Cocktails kosteten zwanzig Yuan, also keine drei Euro. »Aber nicht gleich alles versaufen«, sagte sie, während ich einen Drink bestellte.

»Du bist die Einzige, die hier trinkt«, sagte ich.

»Haha«, sagte Mona. »Weißt du, ich sag immer: Man muss die Künste unterstützen.«

»Und ich«, sagte ich, »sag immer: Hauptsache Muschis und Schnaps.« Mona prustete vor Lachen. Sie war komplett verschwitzt und glänzte schon vor lauter Alkohol. Wie immer wusste sie nicht ganz, ob ich das alles ernst meinte oder nicht. Wahrscheinlich wohnte sie einfach schon zu lange hier. Das war aber auch verrückt, wenn man monatelang in einem Land ohne Humor lebte. Wie ging das überhaupt?

»Ist es hier auch so schlimm mit dem Smog?«, fragte ich Mona, um das Gespräch auf eine sachliche Ebene zurückzuführen. »Weil ich das Gefühl hatte, dass es hier ein bisschen besser ist.«

»Na ja«, sagte sie. »Als die Japaner Chongqing im Zweiten Weltkrieg bombardieren wollten, haben sie es teilweise nicht gefunden, weil es so neblig war. Die Japaner haben Chongqing öfter bombardiert.«

»Krass«, sagte ich und bestellte ihr noch einen kleinen Drink, der E.T. hieß und aussah wie ein kleiner, in einem Schnapsglas gefangener Atompilz. Dann zogen wir weiter.

Beim Cruisen im Taxi über den Großstadt-Highway traf es mich wie der Schlag. China war nicht anders als Deutschland, es war einfach nur ein paar Jahrzehnte hinterher! Das China von jetzt, dachte ich, ist das Deutschland aus den 70er- und 80er-Jahren. Es war so offensichtlich!

- Der Kommunismus.

- Die fehlende Weggehkultur.

- Die Bildungsgeilheit.

- Das rücksichtslose Bauverhalten.

- Der Schnulzenpop.

- Oder sagen wir: Der *Trash*, der nicht als solcher erkannt wird.

- Das Fernbleiben einer »grünen Bewegung«.

- Die unausgewogene Ernährung. Generell, dass Ernährung kein Thema ist. (Geschweige denn Vegetarismus, Veganismus, Glutenfreiheit, grüne Smoothies oder Paleo)

- Die Prüderie.

- Der viele Zigarettenrauch.

- Die Amerikanisierung.

- Die Unwissenheit der anderen Länder darüber, was wirklich abgeht.

- Die *Aufbruchstimmung*, die überall herrscht, weil allen klar ist: Wenn wir zusammenhalten, können wir tatsächlich die Nummer eins werden. *Weltweit.*

- Das wichtige Datum 1989.

Schreib das auf, dachte ich. Sortiere es ein bisschen und – *BÄM!* – Literaturpreis.

Aber irgendwie stimmte mich diese Einsicht auch melancholisch, als das Taxi am Yangtse vorbeibretterte.

Irgendwann, dachte ich, muss es sich mal gut angefühlt haben, Deutscher zu sein. Irgendwann müssen deutsche Studenten mal wirklich daran geglaubt haben, die Welt zu verändern, und mehr gewesen zu sein als ein Haufen narzisstischer Spacken, die denken, klug sei, wer sich möglichst kompliziert ausdrückt und immer genau weiß, aus welchem Grund irgendetwas *nicht* funktioniert.

Eigentlich, dachte ich, musst du nach China ziehen. Die Städte pulsieren, die Menschen sind quirlig und clever. Hier geht es noch vorwärts!

Vielleicht, dachte ich, finden die Leute hier Ironie nicht deshalb witzig, weil sie sie nicht verstehen, sondern weil sie erkannt haben, wie scheiße Ironie ist.

Ob ich noch erleben würde, dass China demokratisch wird?

Ersatz

Der Vater liebt Apfel.
Das Kind liebt Apfelsaft.
Und die Moral von der Geschicht:
Der Apfel fällt nicht weit vom Stamm.

Deutschland

Mein Onkel begleitete mich zur U-Bahn, wo wir seine Kollegen und Chefs antrafen, alle *casual*. Ohne Anzug und mit Jeans und Trekkingschuhen. Das Konsulat hatte heute Betriebsausflug. Und einen Kater von gestern. Wir begrüßten uns. Hoffentlich, dachte ich, sprechen sie mich nicht auf die letzte Nacht an. In meinen Ohren dröhnte es immer noch. Und ich hatte ein paar Dinge getan, auf die ich nicht stolz war. (Dazu später mehr.)

»Komisch«, flüsterte ich meinem Onkel zu, »die alle ohne Anzug zu sehen.«

»Ja«, sagte er, »man glaubt es kaum, aber wir wurden nicht in einem Anzug geboren.«

Während der Fahrt zur Schule dachte ich viel nach. Ist Ihnen schon einmal aufgefallen, wie *creepy* Janosch ist? Also der Kinderbuchautor? Der mit der Tigerente und *»Ich mach dich gesund«, sagte der Bär?* Ich habe ein kleines Patenkind in Deutschland und musste fast zwangsläufig hier und da ein bisschen dazu recherchieren. In ausnahmslos jedem Janosch-Buch hängt ein Poster im Hintergrund von einer leicht bekleideten Frau. Und wenn der Bär dem Tiger einen Brief schreibt, unterschreibt er mit: *Schnelle Grüße und heiße Küsse.* Oder in dem Buch, wo sie eine Party feiern, fragt die Ente: »Was ist denn eine Party?« Und dann antwortet der Bär: »Ringelpiez«. Und dann gehen alle in ein Bett und machen ein »Nickerchen«. Seltsam. Dagegen ist Michael Ende die reinste Kitzelkur. Der Scheinriese zum Beispiel packt ja auch nicht seinen Penis aus.

Aber das nur am Rande. Weil es immer heißt, asiatische Märchen seien so verstörend.

Nach einer Dreiviertelstunde holte mich eine Deutschlehrerin an der Haltestelle ab. Die Deutschlehrerin stellte sich als Roswitha vor. Sie hatte eine Kassenbrille und kurze, blonde Haare und sah insgesamt aus wie eine bayerische Metzgerin.

Roswitha zeigte mir die Schule. Wir unterhielten uns in einer Art Schul-Caféteria, wo ich mich überrascht ob der Westlichkeit des Heißgetränkeangebots zeigte. Kurz: Der Kaffee schmeckte nicht nach Arsch.

Ich trank noch einmal drei Tassen und musste zur Toilette. Dort angekommen, konnte ich meinen Augen nicht trauen: Gegenüber den schäbigen Pissoirs, die ich benutzen würde, fanden sich nicht weniger als vier mit gerillten Kacheln flankierte Löcher in dem Boden. So weit, so *schäbig-aber-normal*. Diese Toiletten waren ja auch im mediterranen Raum nicht unüblich. Das Besondere aber war: Die Kabinen waren nicht einmal schulterhoch und nach vorne hin offen. Also ohne Türe. Und auf den Löchern saß jeweils ein Chinese, der laut schiss. Einer von ihnen telefonierte währenddessen mit dem Handy, ein anderer rauchte. Ein erbärmlicher Anblick! Ja, wie war das mögl... *BRRRRRRRÄÄT* machte eine ohrenbetäubende Sirene in diesem Moment, und eine quäkende Stimme ertönte aus den Lautsprechern. Was war denn jetzt los? Feueralarm? Bombenangriff? Ich entleerte meine Blase, die scheißenden Chinesen im Hintergrund, und begab mich zurück in die Cafeteria.

»Jetzt geht es los!«, sagte Roswitha.

»Was denn?«

»Frühsport.«

Wir verließen das Café und gingen nach draußen. Hier sah man viele Hundert chinesische Schüler in kleinen Einheiten über den Schulhof patrouillieren und gymnastische Übungen machen. »Diese Durchsagen sind ja der Hammer«, kommentierte ich die Ansprache durch die Lautsprecher, die mehr geschrien als gesprochen wirkte.

»Stimmt«, sagte Roswitha.

»Wobei Deutschland wahrscheinlich eins der wenigen Länder auf der Erde ist, wo es in den Schulen kaum Durchsagen gibt. In den USA musste ich früher jeden Morgen die Flagge anbeten. Mit Hand aufs Herz und allem Drumherum. Alle mussten das machen. Und jeden Tag durfte ein anderer Schüler der Schule die *Pledge of Allegiance* vorsagen. Was für eine gequirlte Scheiße! Zum Glück macht man so etwas in Deutschland nicht mehr.«

In diesem Moment fingen alle Einheiten an zu rennen. »Sie gehen zum großen Platz, wo sie eine Choreografie machen. Das ist auch beeindruckend, das musst du dir anschauen! 5 000 Chinesen tanzen zusammen zu Katy Perry.«

Ich war beeindruckt. »Wenn man ein Volk verstehen will«, sagte ich altklug, »muss man in die Wohnzimmer blicken und in die Klassenzimmer.« Eine chinesische Klasse hatte um die sechzig Schüler.

»Was passiert, wenn die Schüler nicht mitmachen?«

»Ein Schüler aus der Klasse kontrolliert, ob alle mitmachen. Und wenn nicht, gibt es Punktabzug. Ab einer gewissen Punktzahl gibt es dann Gehaltsabzug für den jeweiligen Klassenlehrer.«

»Im Ernst?«

»Ja. Nicht nur bei Verweigerung des Morgensports, sondern auch, wenn die Schüler einschlafen oder mit dem Handy spielen.«

»Das ist ja krass.«

»Ja. Das ist China.«

Kurze Zeit später fanden wir uns in einem spärlich eingerichteten Büro und machten Fotos mit einer Frau, die wieder wie die Frau aus *Breaking Bad*, die ständig den Kaffee süßt, angezogen war. Irgendwann musste ich mich einmal informieren, wie diese hieß.

»You are the poet?«, fragte die stellvertretende Rektorin fast ein bisschen schüchtern.

»Yes«, sagte ich.

»Oh really?«, fragte sie. Aber es klang nicht, als wäre sie völlig von der Rolle. Lockenperücke und Federkiel würde ich hier nicht brauchen. »But you are so … young …«

»Yesss«, sagte ich, mit mehreren *s*.

»You know«, sagte die stellvertretende Rektorin, »in China … when someone says he is a poet … that just means he is too lazy to work.«

»That's the same in Germany«, sagte ich. »But when I tell people how much I earn … they stop asking stupid questions.«

Die stellvertretende Rektorin fragte mich, ob ich chinesische Schulen möge. Hm, dachte ich. Lassen Sie mich nachdenken. Abgeranzte Toiletten, gefliste Flure, gestresste Lehrer, graue Betonwände, uninspirierte Stundenpläne, bettelarme Schüler mit einem leeren Ausdruck im Gesicht.

Nun, sagte ich, es sei schön, mal an einer öffentlichen Schule zu sein. Bis jetzt hatte ich ja nur wirklich renommierte Universitäten, Privatschulen und Institute gesehen. Im Grunde war die Reise sehr gut durchgestylt und komponiert gewesen. Irgendwann, dachte ich, muss ich meinem Onkel dafür danken.

Oh, sagte die stellvertretende Rektorin, es tue ihr leid, mich zu enttäuschen. Aber das sei keine öffentliche Schule.

Ich fragte sie, wie sie das meine.

Sie sagte, alle chinesischen Schulen seien Privatschulen und gesponsort. Die Schüler müssten einen Beitrag von 25 000 Yuan bezahlen.

Ich fragte, ob das ihr Ernst sei.

Sie nickte.

Ich fragte, wie sich das mit dem Kommunismus verträge.

Sie fragte, ob es denn keine Privatschulen in Deutschland gäbe.

Doch, sagte ich. Aber bei weitem nicht so viele.

Sie sagte, wir hätten es sehr gut.

»But the German education is getting worse as well«, fügte ich schnell hinzu. Ich wollte auf keinen Fall unhöflich sein.

Wir unterhielten uns über einen Schüleraustausch von Chinesen nach Duisburg. (»Also wenn ich Deutschland nur von Duisburg her kennen würde«, sagte ich, »würde ich es hassen.«) Ihnen hätte die deutsche Freundlichkeit gut gefallen. Vor allem die der Berliner. (Ich dachte: Welche Berliner Freundlichkeit?) Sie fänden es befremdlich, dass öffentliche Toiletten Eintritt kosteten, obwohl man hohe Steuern zahlte. Sie verstünden Haustiere nicht. In den Augen der Chinesen hielten sich Westler nur deshalb so häufig Hunde oder Katzen, weil ihnen die sozialen Kontakte fehlten. Und sie wären stets irritiert ob der Befindlichkeiten bezüglich des Alters. In China – so die stellvertretende Rektorin – könne man einfach fragen, wer denn die *alte Frau* sei, ohne zu fürchten, dass diese alte Frau danach nicht mehr mit einem sprach. Die westlichen Befindlichkeiten bezüglich des Alters empfinde man als albern. In China wisse man, wie alt man sei. Und dass man stürbe. Man müsse sich nicht die ganze Zeit davon ablenken.

Abschließend erzählte sie, dass sie deutsche Küche im Allgemeinen und Laugenbrötchen im Speziellen nicht mochte. Erst letzten Donnerstag, beim 25. Tag der Deutschen Einheit, erzählte die Frau, habe sie ein Vollkornbrot mitbekommen und es dann schließlich wegschmeißen müssen, weil sie es nicht habe schneiden können.

Dann fragte sie mich, was mir an China gefalle. Ich überlegte sehr lange. »China ist groß«, sagte ich schließlich. »Ich mag die Städte. Wie sie pulsieren. Die vielen Menschen. In Deutschland gibt es das so nicht. Selbst Berlin ist letztlich nur eine Aneinanderreihung mehrerer Dörfer.«

»Mögen Sie die Küche?«, fragte sie.

»Hm«, sagte ich. »Vielleicht beleidige ich Sie erneut, aber ich mag das Sushi.«

»Das *Sushi?*«

»Sie haben hier ganz viel Sushi. Mit Käse überbacken und solchen Dingen … Außerdem … äh … mag ich es, wenn man Fleisch mit Früchten mischt. Und ich mag es scharf.«

Insgesamt war es ziemlich wirr. Ich versuchte, mir ein ähnliches Gespräch über Deutschland vorzustellen. »Mögen Sie Deutschland?«

»Ja, ich mag Sauerkraut und Opern. Aber Regen mag ich nicht. Regen und Nazis.«

Ich schielte auf die Uhr. Vor fünf Minuten hätte der Workshop beginnen müssen, und Zeit hatte ich sowieso zu wenig.

Ich erzählte von meinem Guangzhou-Trip. Wie ich die Stadt erst als eine unerträgliche Großstadthölle und dann als das Paradies auf Erden erlebt hatte.

»In China gibt es nun mal viele Extreme«, gab ich mich schwammig. »Und in einer globalisierten Welt ist es immer schwerer zu sagen, was das *wahre Gesicht* eines Landes ist und was nicht.«

»Stimmt«, sagte die stellvertretende Rektorin und lächelte. Dann begann der Workshop.

Geh bitte raus (aus meinen Träumen)

Es ist schon 2 Uhr, aber bei meinen Hausaufgaben fehlt noch viel. Ich schreibe verzweifelt an den Tisch, sehe aber, dass die patroullierende Lehrerin kommt mit dem Licht aus ihrer Taschenlampe.

Ich weiß, dass ich keine Zeit habe, in das Bett zu steigen, trotzdem stehe ich auf. Die Lehrerin macht die Tür auf und fragt, was ich mache. Ich halte mir die Nase und antworte: »Das ist nur die Nasenblutung.«

Und die Moral von der Geschicht:
Not bricht Eisen.

Tschüssi – macht's gut

Direkt nach dem Workshop holte mich ein Lehrer namens Uli ab, um mit mir eine Pandabären-Aufzuchtstation zu besuchen. Oder besser gesagt: *die* Pandabären-Aufzuchtstation. Hier gab es über hundert der knuffigen Tierchen.

Uli war groß, stämmig und hatte einen Ohrring. Er sah aus wie der typische Pädagoge. Mit Dreitagebart, Trekkingschuhen und Cordhose. Fehlten nur noch die Multifunktionsunterhose und das selbst geschmierte Kressebrot.

Im Gegensatz zu den meisten Pädagogen hatte ich bei ihm aber sofort das Gefühl, wir würden uns verstehen. Schon während der Fahrt zu den Pandabären führten wir einen recht ausgelassenen Small-Talk über Schopenhauer und kleinere Lemmata der Galois-Theorie.

An der *Chengdu Research Base of Giant Panda Breeding* hätte ich ein Gedrängel erwartet. Eine lange Schlange und dass man von Glück reden konnte, wenn man aus der Ferne den Blick auf eine Pandabärenhode erhaschen konnte. Und zwar aus dem einfachen Grund: weil es in China grundsätzlich überall Gedrängel gab: in den U-Bahnen, Cafés oder U-Bahn-Cafés. Und so ein Pandabär schien mir weitaus aufregender zu sein als ein Chicken-McNugget-Menü oder ein Spaziergang durch die Fußgängerzone. Als wir jedoch bei der Kasse des Panda-Paradieses ankamen, war diese komplett frei.

»Vielleicht ist es das Wetter«, sagte Uli. Aber schlecht war es nicht. Nur ein bisschen wolkig. Der Himmel war helldunkel gescheckt. Wie die Tiere.

Schon nach hundert Metern erblickten wir die ersten Bären. Ein »großer« Panda, der tatsächlich kaum größer war als ein Wäschekorb, schlurfte behäbig über einen Waldweg. Ich zückte meinen Fotoapparat und machte genau das, was jeder normale Mensch in dieser Situation tun würde: ein Selfie. *Relaxen mit Panda* würde ich darunter schreiben.

Schon seltsam, dachte ich, dass genau dieses kleine Tier noch mal eine ganz andere Herz- oder Gehirnfunktion beim Menschen anspricht als alle anderen Tiere. Ist es die schwarze Brille? Oder die – doch relativ geringe – Größe? Das flauschige Fell? Oder die Tatsache, dass ein Pandabär schwarz-weiß ist, was in so mancher Pointe schon ausgeschlachtet wurde?

Das genaue Gegenteil von Pandabären sind Fische. Fische sind nicht flauschig oder knuddelig. Und sie können auch nicht weinen. Wahrscheinlich ist das der Grund dafür, dass die meisten Menschen keinen Fick auf Fische geben. Also persönlich. Nie sieht man Kinder an einem Gebirgsbach stehen und sagen: »Och, süß! Schau mal, das Forellenbaby da vorne! Können wir es behalten?«

Uli und ich taten es dem Pandabären gleich und schlurften durch das wunderschöne, künstlich angelegte Grün des kleinen, am Hang gelegenen Wildparks.

»Und wie bist du nach China gekommen?«, fragte ich Uli.

»Ich habe in den USA gelebt und zwölf Jahre in Frankreich«, sagte er. »Dann war ich in Indien, und jetzt lebe ich drei Jahre lang hier. Aber danach möchte ich unbedingt noch einmal nach Indien.«

»Interessant«, sagte ich. Auch wenn mich das jetzt nicht gerade aus den Latschen haute. Wir leben in einer Zeit, in der jede zwanzigjährige Göre aus dem Glockenbachviertel zwei Jahre *twerk and travel* hinter sich hat.

»Ich möchte auch mal nach Indien«, gab ich mich diplomatisch. »Du musst mir schreiben, was man dort besichtigen muss.«

»Also ich ... äh ... habe mehr eine Art ... *spirituelle* Reise gemacht«, sagte er. Oh nein, dachte ich. So eine Unterhaltung wird das also. Spirituelle Menschen gab es in der Kulturbranche wie Sand am Meer. Ich selbst zählte mich manchmal dazu.

»Genau wie ich!«, antwortete ich. »Das heißt, wenn ich einmal nach Indien gehen würde, würde mich eine spirituelle Reise stark interessieren. Wieso hast du das gemacht?«

»Nun«, sagte Uli. »Ich interessiere mich schon seit Längerem für Energien.«

»Da musst du dich beeilen«, sagte ich.

»Wieso?«, fragte Uli.

»Ich hab letztens gelesen, dass Wissenschaftler herausgefunden haben, das Universum würde Energie verlieren.«

Wir lachten.

»Energien. Unerklärliche Phänomene. Auren. Du weißt schon«, fuhr Uli nach einer kleinen Pause fort. Und meine innere Klangschale sprang im Sechseck. Ich weiß nicht wieso, aber in letzter Zeit fand ich großen Gefallen an Gesprächen über Esoterik. Ich verurteilte Esoteriker längst nicht mehr so scharf wie noch im Teenageralter. Vielleicht, weil viele wichtige Mathematiker wie Grothendieck später Esoteriker geworden waren. Vielleicht weil ich schon viel tiefer im Kulturbetrieb steckte, als es mir lieb sein konnte. Oder weil Gespräche ja immer irgendwie unsinniges Gebrabbel waren und weil – wenn man sich auf das Thema Esoterik einigte – wenigstens von vornherein stilles Einvernehmen darüber bestand, dass man nichts Sinnvolles zustande bringen würde. Natürlich musste man auch aufpassen. Erst kürzlich hatte mir eine »Heilerin« einreden wollen, ich hätte einen Dämon, und mir schließlich hundert Euro für eine Sitzung abgeknöpft. Erst einen Tag später wurde mir klar, dass ich abgezockt wurde.

»Gib mir mein Geld zurück«, hatte ich geschrieben.

»Ich weiß nicht, wo meine Bank ist«, hatte sie gesagt.

»Jetzt pass mal auf«, hatte ich wiederum geantwortet, »ich bin zwar normalerweise ein sehr friedliebender Mensch, aber ich weiß nicht, ob das auch für meinen Dämon gilt.«

Einen Tag später hatte ich meine hundert Euro zurückgehabt. So ist das mit Verrückten. Man muss sie mit ihrer eigenen Logik schlagen.

»In der Tat ist das sogar der Grund für meine Chinareise«, sagte Uli. »Ich möchte die Welt mit anderen Augen sehen! Und durch solche Dinge wie eine andere Schrift, eine andere Art zu essen und eine andere Art, auf die Toilette zu gehen, zwinge ich mich dazu. Auch wenn es bedeutet hat, dass ich mich von meiner Frau trennen und zwei Kinder in Europa zurücklassen musste. Aber auch Verlust ist wichtig.«

Ich überlegte kurz, ob seine Familie das wohl ähnlich sah, nachdem sich der Papa auf Selbsterfahrungsreise verabschiedet hatte. Dann kaufte ich eine Pandabären-Tasse.

Uli begann, mir von einer Palmbibliothek in Indien zu erzählen, wo auf jeden Besucher eine eigene Inschrift wartet, die einem das ganze Leben erzählen und deuten kann. Er erzählte mir, wie er zu seiner Spiritualität gekommen war, dass es mit Tarotkarten angefangen habe und er inzwischen versuche, die Religionen zu vereinen, weil das noch niemand versucht habe. Dass Jesus in Wirklichkeit ein Pulver aus Indien bekommen hätte, welches Wasser in Wein verwandelt, und dass man sich in Indien auch Dolche durch die Hand stoßen und so Kreuzigungen überleben könne. »Schreibst du ein Buch?«, fragte ich.

»Ich hatte es ursprünglich nicht vor«, sagte er. »Aber es wurde mir prophezeit.«

Herrlich!, dachte ich. Fehlte nur noch, dass er gleich sein Tamburin auspacken oder einen Traumfänger flechten würde. Äußerungen wie *Es wurde mir prophezeit* kannte ich sonst nur von *Star-Wars*-Figuren und den sogenannten »Kulturfrauen«, die sich die Haare lila färben und frei nach dem Motto leben: *Mittags Fango, abends Tango.*

Unser Weg führte uns in ein kleines Häuschen durch einen dunklen Eingangsbereich. Und plötzlich lagen dort, hinter einer Scheibe, sechs kleine Pandabärenbabys in einem Kinderbett. »Diese Pandababys sind erst einen Monat alt«, übersetzte Uli, der wohl öfter hier war. »Neugeborene Pandabärenbabys sind so groß wie eine Hand und wiegen keine hundert Gramm. Sie sind die kleinsten Säugetiere im Vergleich zur ausgewachsenen Mutter, die es gibt. Außerdem ist so eine Pandabärenaufzucht eine sehr sensible Geschichte. Das fängt schon damit an, dass sich der Pandabär ausschließlich von Bambus ernährt, obwohl seine Verdauung mehr auf Fleisch ausgelegt ist.«

»So wie ein Vegetarier«, sagte ich nachdenklich.

»Genau«, sagte Uli. »Er kann nicht einmal ein Fünftel der von ihm aufgenommenen Nahrung verwerten. Während der Milchproduktion ist das natürlich umso schlimmer, und die Mutter muss ihr Junges mehrere Stunden am Tag unbeaufsichtigt lassen, um zu essen. Gleichzeitig bekommen Pandabären in ihrem ganzen Leben nur um die fünf Babys, die fast immer Einzelkinder sind. Beim Nachwuchs wird also eher auf Qualität als auf Quantität gesetzt. So ein Tier braucht viel Pflege und verbringt die ersten zwei Jahre praktisch nur mit der Mutter. Ich glaube, dass es gerade diese Fürsorge ist, die den Menschen noch einmal ganz anders anspricht. Deshalb ist der Pandabär das vielleicht populärste Tier der Welt.« Ich betrachtete die flauschig weichen Babys.

Sie waren kaum größer als ein Roggenbrot und hatten verklebte Augen und kleine Zungen, die immer wieder aus ihren Mäulchen hervorblitzten. Ich hätte sie am liebsten auf der Stelle mitgenommen. Diese Pandabärenbabys waren so süß, ich bekam Diabetes in den Augen.

Wir hielten einen Moment inne, schossen Fotos und genossen diesen stillen Moment im Einklang mit diesen wunderschönen Geschöpfen. Seit dem Internetvideo, das ein niesendes Pandabärenbaby zeigt und in den Nullerjahren wohl eines der ersten Internet-Hype-Videos überhaupt wurde, hatte ich nie auch nur ein Foto eines Pandabärenbabys gesehen.

»Ich finde es schade«, sagte ich auf dem Weg nach draußen, da ich die Suche nach einem roten Faden mit Uli nicht aufgegeben hatte, »wie vehement Naturwissenschaftler esoterische Sichtweisen ablehnen. Man muss ja nicht für alles Verständnis haben. Aber man kann es doch zumindest parallel neben sich existieren lassen.«

»Genau«, sagte Uli wieder. »Und dieses *parallel existieren lassen* funktioniert in China sehr gut. Ich glaube, hier sind die Leute es einfach grundsätzlich mehr gewohnt, sich gegenseitig auszuhalten. In Deutschland ist es ja schon ein Riesenproblem, wenn auf einmal nicht zwei, sondern drei Religionen in der Schule unterrichtet werden sollen. In China stehen solche Koexistenzen gar nicht erst zur Debatte. Weil hier so viele verschiedene Denk- und Lebensweisen vertreten sind.«

»Das stimmt«, sagte ich. »In Deutschland will man andere halt immer unbedingt vom eigenen Ideal überzeugen. Dem Deutschen ist es unglaublich wichtig, seinem Gegenüber zu beweisen, dass es falschliegt. *Zu allem 'ne Meinung, von nix 'ne Ahnung*, sag ich immer. Gerade bei deutschen Studierenden ist das ganz schlimm.

Dabei gibt es so viele Dinge, die sich schlicht nicht vereinen lassen! Allein schon in der Physik lassen sich kleine Teilchen auch als Wellen betrachten und umgekehrt, Lichtwellen als Teilchen.« Hm, Teilchen, dachte ich. Das Erste, was ich machen würde, wenn ich zu Hause wäre: zum Bäcker rennen.

»Europäer«, meinte Uli, »sehen sich oft im Recht. Oder denken generell, sie hätten einen Anspruch auf irgendetwas. Dabei gibt es das nicht, einen Anspruch. Zumindest nicht in der Natur. Dort hat niemand einen Anspruch auf Sex oder Gesundheit oder eine Familie oder Schönheit oder Reichtum oder weiß der Teufel.« Ich erzählte Uli eine Nummer von dem Stand-up-Comedian Louis C.K., die so ging: Vor einem Flug nach Übersee gab es eine Durchsage. In diesem Flug gäbe es exklusiv WLAN. Ein Test. Louis C.K. und die anderen Fluggäste wurden gebeten, das Netz zu probieren und etwaige technische Störungen zu verzeihen. Es sei wirklich nur ein Test. Fünf Minuten später beschwerten sich manche Fluggäste, was das solle, das WLAN funktioniere nicht. Das heißt, sie forderten ihr Recht ein auf etwas, von dem sie vor fünf Minuten noch nicht einmal wussten, dass es existierte.

Uli lachte.

»Europäer«, sagte ich, »sehen ihren Besitz immer nur im Vergleich zu dem, was andere haben. Oder vermeintlich haben. Aber der Witz ist doch, dass es im Leben eh um Akzeptanz geht.«

Inzwischen machte dieses Pläuschchen richtig Spaß. Ja, auf der ganzen Reise hatte ich mich selten so ausgelassen unterhalten können.

Wir lehnten am Holzzaun eines kleinen Waldes. Vor uns lag auf der Holzpritsche eines Klettergerüsts ein großes schwarz-weißes Knäuel, bestehend aus einem guten Dutzend Pandabären. Und fast alle kauten Bambus. »Um den Bambus besser essen zu können«, referierte Uli, »haben sie sehr dicke Backenzähne entwickelt, dicke Kaumuskeln und einen dicken Hals. Dadurch wirken Pandabären so pausbäckig, noch ein Grund, warum man sie so knuddelig findet.«

Das, dachte ich, müsste man in Deutschland mal einführen: Zoos für nur ein einziges Tier. Beziehungsweise eine kleine Gruppe von Tieren, dachte ich, als ich in den Bäumen noch einen »kleinen« Panda sah, welcher auch als *Red Panda* bezeichnet wird, weil er ein rotes flauschiges Fell hat. Außerdem hat er einen langen, buschigen Schwanz und spitze Ohren. Von seinen Bewegungen her sieht er mehr aus wie eine dicke Katze. Etwas seltsam, dachte ich, dass der »große« Panda kaum größer ist als der »kleine« Panda.

»Was hat dich an China am meisten beeindruckt?«, fragte Uli schließlich.

»Der Lärm«, sagte ich. »Das Chaos. Und dass es anscheinend keine Ironie gibt.«

Er lachte.

»Allerdings«, fuhr ich fort, »finde ich es auch wahnsinnig spannend, wie sehr sich die eigene Wahrnehmung hier verändert. Schon nach einem Tag sieht man sie gar nicht mehr, die undefinierbaren Tierleichen, die Behinderten am Straßenrand, die Prostituierten und die vielen, vielen schlechten Zähne.«

»Ja«, sagte Uli, »wenn du nach Deutschland zurückkehrst, wirst du erst merken, wie stark dich China verändert hat. Wenn mich jedenfalls die Leute fragen, was ich hier mache, antworte ich inzwischen: *Ich lerne sehen.*«

Es fing an zu regnen. Ich kaufte mir einen Pandabären-Regenschirm und lud Uli ein, ebenfalls unter meinen Regenschirm zu kommen. Ich wusste nicht so ganz, ob ich ihn lachhaft oder respektabel finden sollte. Welcher normale Erwachsene ließ zu Hause Frau und Kind stehen und zog dann mir nichts, dir nichts nach China? Zum Abschied gab er mir seine Karte und den Hinweis, ich könne mich gerne bei ihm melden, er würde mir eine Liste mit interessanter Literatur zukommen lassen.

»Gerne«, sagte ich, wohlwissend, dass ich nie auf das Angebot zurückkommen würde.

Uns sind die Sterne egal

»Ich habe inzwischen eine neue Theorie zu deiner Schlaflosigkeit«, sagte mein Onkel, nachdem ich ihm erzählt hatte, dass ich wieder eine ganze Nacht nicht schlafen konnte. Er hatte mich direkt von der *Panda Breeding Station* abgeholt, nachdem ich mich von Uli verabschiedet hatte. Was war das nur für ein netter, seltsamer Mensch gewesen, dachte ich.

»Glutamat«, sagte er. »Die Chinesen hauen hier ja alles voller Glutamat. Und uns Europäer macht das ganz verrückt. Herzrasen, Kopfschmerzen, Rötung der Haut, Unausgeglichenheit, schlaflose Nächte. Viele unserer Politiker klagen darüber, wenn sie aus dem Ausland kommen und nur für kurze Zeit da sind.«

»Natürlich!«, sagte ich, so wie man sagt: *Heureka!* Das musste es sein.

Mein Onkel und ich fuhren zu einem Abendessen mit vielen Kollegen des deutschen Konsulats. Es dauerte fast fünf Stunden. Und war hochinteressant. Vor allem, weil die Diplomaten – quasi als Politiker, die eher hinter den Kulissen agieren – unglaublich direkt miteinander redeten, was durch den Genuss von Alkohol noch bestärkt wurde.

Es ist mir leider nicht möglich, die Gespräche in ihrer vollen Länge wiederzugeben. Dazu war es zu schwierig, alles zu notieren und sich gleichzeitig zu unterhalten. Ich hätte ein Diktiergerät gebraucht. Auf der anderen Seite hätten sie dann ihre Worte mit mehr Bedacht gewählt. Und so bekam ich einen sehr ungefilterten Eindruck von China.

Dass die Leute hier nicht wirklich Mindy und Sunshine hießen. Dass Alkohol vor allem bei Geschäftsessen konsumiert wurde. Dass die Leute hier schlicht keinen Humor hatten. Das hatte ich in den ersten zehn Minuten mit Mona gelernt. Aber auch sonst bekam ich auf einen Schlag sehr geballt mit, wie China wirklich tickt. Auf einmal wurde mir vieles klar. Die Mitschriften der Gespräche sind diesen Aufzeichnungen angehängt.

»Dann ist es ja eigentlich ziemlich subversiv, was ich hier mache«, sagte ich schließlich. »Allein schon das von mir besprochene Dichterformat ist ja rein demokratisch: Schließlich wählt das Publikum den Sieger. Aber auch, dass ich die Schüler und Studenten in den Workshops dazu ermutige, selber zu denken.«

Ich erzähle von den Gedichten. »Zuerst habe ich ein ironisches Liebesgedicht an Guangzhou geschrieben«, sagte ich. »Die Schüler haben verdutzt geschaut, aber es dann verstanden. Und auf einmal hatte ich ironische Lobeshymnen auf die deutsche Sprache, den Kaiser von China und das Papier.«

»Wirklich?«, fragte mein Onkel, den hier alle nur Big D nannten. Wahrscheinlich wegen D wie Deutschland. Und ich zeigte ihm die abfotografierten Texte auf meinem Fotoapparat. Er lachte. Bei *Und die Moral von der Geschicht: Alle guten Dinge sind drei* klatschte er laut in die Hände und zeigte es seinen Kollegen.

»Fantastisch«, sagte er. »Diese Texte sind Gold wert. Verstehst du eigentlich, was du da gemacht hast? Du hast den Chinesen beigebracht, was Ironie ist. Darauf kannst du sehr stolz sein. In gewisser Hinsicht hast du China demokratisiert.«

»Weißt du, was ich einfach nicht kapiere?«, fragte ich. »Wie wenig China in Deutschland thematisiert wird. Also nicht in der Presse. Sondern unter den Studenten. Da geht es immer nur um die USA.«

»Ist das so?«, fragte mein Onkel.

»Ja. Und es gibt echt nichts Schlimmeres als plumpen Antiamerikanismus.«

»Nun«, sagte mein Onkel. »China und die USA haben beide noch die Todesstrafe. Dabei wurde diese schon von über hundert Ländern abgeschafft. In diesem Punkt sind sich die beiden Länder einig.«

»Aber ich bitte dich«, sagte ich. »Antiamerikanismus ist so nervig. Gerade im Kabarett. Da zeigt Volker Pispers regelmäßig Richtung Amerika und sagt etwas wie: *Das ist Kapitalismus im Endstadium! Gott sei Dank sind wir nicht so wie die!* Und alle im Publikum fühlen sich gut und lachen, obwohl sie nicht begriffen haben, dass auf der ganzen Welt Kapitalismus im Endstadium herrscht. Und dass die USA in vielen Dingen wenigstens nicht so hinterfotzig sind. Die USA ballern rum, Deutschland verkauft Waffen. Die USA verpesten die Umwelt, Deutschland baut Autos. In welchem Punkt sind wir da noch mal genau besser?!«

»Du redest dich ja richtig in Rage«, sagte mein Onkel lachend.

»Ich hasse Antiamerikanismus«, sagte ich. »Wie kann ein akademisch gebildeter Mensch allen Ernstes denken, in den USA würden nur Idioten rumlaufen? Vor allem, wenn er gleichzeitig jeden Abend HBO-Serien auf seinem Applecomputer glotzt, während er mit seinen Freunden auf Facebook chattet und Chicken Wings in sich hineinstopft.«

»Das stimmt«, sagte mein Onkel. »Aber Menschen sind nun einmal widersprüchlich. Das bedeutet nicht nur, dass sie Wasser predigen und Wein saufen. Sondern auch, dass zum Beispiel Chirurgen manchmal Kette rauchen. Oder dass die, die sich selbst am wenigsten aushalten, am frühesten Kinder bekommen. Das bedeutet, dass sich Linke im Alltag oft lieber mit Konservativen solidarisieren als mit Gleichgesinnten. Oder sagen wir: gleicher Gesinnten.

Tatsächlich kann man eine Person – denke ich – am besten über ihre Widersprüche charakterisieren. Und Gleiches gilt für ganze Nationen. Schau dich doch mal hier um. China ist kommunistisch. Gleichzeitig wird nirgends auf der ganzen Welt der Kapitalismus so zelebriert wie in China. Selbst in den USA nicht. China hat eigentlich eine sehr lange Tradition. Gleichzeitig löscht alle dreißig Jahre eine Regierung die komplette Geschichte. China ist naturverbunden, gleichzeitig wird hier so viel gebaut wie nie. Die ganze Nation: ein einziger großer fetter Widerspruch.

Und mit den Ländern, die von den sechs Sternen auf der Flagge symbolisiert werden, fange ich gar nicht erst an. Jedoch eines kann ich dir bestätigen: Die USA sind im Vergleich zu China wirklich ein kleiner Furz. Und du hast recht: Es macht keinen Sinn, dass sich deutsche Studenten so dermaßen an den Amerikanern abarbeiten, wie sie es aktuell tun – und zu meiner Studienzeit getan haben. Die USA sind einfach nicht mehr wichtig.«

»Was mich wundert«, sagte ich nach einer längeren Pause. »Muss es bei so einem großen Land und einer totalitären Regierung nicht furchtbar knirschen? Wie kann das alles so gut organisiert sein? Die Korruption, die Partei, die Zensur.«

»Oh«, sagte mein Onkel. »Du verstehst nicht. Es knirscht. Es knirscht sogar ganz gewaltig. An allen Ecken und Enden.«

»Und wie funktioniert das dann?«

»Mit Gewalt. Mit ganz, ganz viel Gewalt.«

»Es gibt also gar nicht so etwas wie eine … äh …«

»›Gelbe Gefahr‹?«

»Ja.«

»Haha! Oh nein. Ganz im Gegenteil. Die Frage ist nur, wann uns hier alles um die Ohren fliegt.« Dann auf einmal wurde er sehr ernst. »Thomas«, sagte er, »China wird kollabieren.«

Allein gemacht

Jason ist ein ganz fauler Junge.
Er mag nichts außer Fußball spielen.
Kein Lernen. Nur Fußball, Fußball.
Und endlich hat er kein Preis bekommen.
Er bekommt kein Preis ohne Fleiß.

Mein Fahrrad

Es gibt viele Gründe dafür, dass Bühnenpoeten Workshops für Bühnenpoesie geben sollten und nicht die entsprechenden Lehrkräfte. Oft erlebt man es, dass Deutschlehrer dieses »neue freche Format« wirklich »ganz toll« finden – vor allem, weil man da »sprachlich so viel entdecken« kann.

Aber leider haben sie zum einen erschreckend wenig Ahnung, was cool ist und was nicht. Zum anderen kennen sie sich mit der Materie zu schlecht aus. (Allein die Formulierung *Schreibt doch mal einen Slam drüber* ist falsch. Ein *Slam* ist die Veranstaltung. Es heißt *Text*, gottverdammt, oder von mir aus auch *Slam-Text*. Wer noch einmal *Schreib doch mal einen Slam drüber* sagt, dem pisse ich persönlich in den Hals.) Lehrer haben selten Erfahrungen mit der Bühne oder dem Umgang mit Humor und freier kreativer Arbeit. Und die Wahrscheinlichkeit, dass sie einfach keine besonders guten Pädagogen sind, ist auch recht hoch.

In Guangzhou erzählte mir eine Lehrerin begeistert, sie hätte auch schon »was mit Poetry« gemacht. »Ich habe mit den Schülern zwei Stunden lang Slams geschrieben zu *Orpheus und Eurydike*. Das war richtig pfiffig«, sagte sie, und ich dachte: Na toll! Einen jugendlichen Begriff zu missbrauchen, um einen Klassiker aufzupeppen, ist nun wirklich kein Kompliment für beide Seiten. Das ist, als würde man einen Rap-Song schreiben über Bach. Wem wäre damit geholfen?

In der chinesischen »Provinzstadt« Yuxi, was ausgesprochen wurde wie »Üh-Schi«, erlebte ich ein Musterbeispiel verkorkster Pädagogik, die nicht chinesischer, sondern deutscher Natur war.

Zunächst verlief alles ganz normal. Ich flog nach Kunming und wurde dort mit dem Auto abgeholt. Dann ging es weiter in die »Provinzstadt« (Provinzstadt in Anführungsstrichen, weil Yuxi immerhin zwei Millionen Einwohner hat), wo ich mit Frau Jin-Tonnig ein leichtes Abendessen in einem hutzeligen Restaurant zu mir nehmen sollte.

Ganz kurz: Kunming und Yuxi befinden sich in der südlichen Mitte des Landes, in der Nähe von Laos und Myanmar. Der Flug von Chengdu nach Kunming verlief ziemlich genau tausend Kilometer von Norden nach Süden, aber auch von Osten nach Westen hätte sich die Zeitzone nicht verändert, denn: In China gibt es nur eine Zeit. (Obwohl es fünf Zeitzonen geben müsste.) Das ist alles Teil des chinesischen Kommunismus. Und führt konkret dazu, dass die Sonne in manchen Teilen des Landes erst um zehn Uhr vormittags aufgeht. Was für ein Irrsinn!

Frau Jin-Tonnig wirkte auf den ersten Blick nicht besonders ausgefallen. Sie hatte eine drahtige Brille und einen Pferdeschwanz und war insgesamt das, was ich in Deutschland als »Müsli-*chick*« bezeichnen würde. Halt so eine klassische Öko-Tante, die geschälte Möhren mit zur Arbeit nimmt, Sandalen mit geringelten Wollsocken darin trägt und alle Mitarbeiter regelmäßig zwingt, bei einer Petition gegen Monsanto zu unterschreiben.

Der Zeitplan war denkbar tough. Ich hatte neunzig Minuten in der Früh. Dann eine Stunde Pause. Dann noch einmal neunzig Minuten. Dann wieder eine Pause. Dann ein großes Mittagessen. Und dann noch am Nachmittag eine Aufführung beim offiziellen Schulempfang deutscher Schüler in der Turnhalle. Die Schüler in

Yuxi würden nämlich Besuch von einer Schulklasse aus Hannover kriegen.

Sie müssen wissen: Mit zehn Workshop-Teilnehmern dauert eine einzige Übung circa 45 Minuten. Wenn nicht länger. Das heißt, mit dreißig Schülern, die alle Laien sind, einen Workshop zu machen, der insgesamt neunzig Minuten dauert, ist in etwa so, als würde man versuchen, mit nichts als seinen Zähnen in zwei Minuten aus einem Baumstumpf eine Kuckucksuhr zu knabbern.

Aber jetzt war erst einmal das Frühstück dran. Es gab einen großen, groben Kuchen, der rot war und nicht süß schmeckte (Fleisch?), dazu je ein gekochtes Ei und eine Sojamilch, die alle widerwärtigen Sojamilchs der Reise in ihrer Widerwärtigkeit noch einmal in den Schatten stellte.

Als die Chinesen merkten, dass sich meine Begeisterung in Grenzen hielt, brachten sie mit Fleisch gefüllte Maultaschen, ein mit Streichwurst beschmiertes abgepacktes Sandwich und zwei Dosen Nescafé. Dazu eine Tüte mit kleinen Weißbrotbällchen. Es war ja fast niedlich, wie sie versuchten, das Frühstück im Rahmen ihrer Möglichkeiten zu »verwestlichen«. Wenn ich doch nur nicht so schrecklich hungrig wäre.

Ich bedankte mich, aß die Eier und Weißbrotbällchen und trottete zur ersten Workshop-Klasse. »Diese deutsch-chinesischen Schulaustausche sind hochinteressant«, sagte Frau Jin-Tonnig. »Wenn chinesische Achtklässler nach Deutschland gehen, sagen sie danach: *Die lernen ja gar nichts! Die reden ja nur!* Wenn hingegen chinesische Zehntklässler nach Deutschland gehen, sagen sie begeistert: *Die dürfen ja selber denken!*«

»Gibt es hier keinen Kaffee?«, fragte ich. Für Anekdoten war ich jetzt noch nicht bereit.

»Nein«, sagte sie und lachte hysterisch. »Das habe ich auch schon überall gesucht. Glaub mir: In ganz Yuxi kein Kaffee.«

Na toll, dachte ich. Zwei Millionen Einwohner und keine einzige gottgefickte Tasse Kaffee! Das war ja wohl die Höhe.

»Jetzt weißt du wenigstens, wie sich Chinesen bei uns fühlen«, sagte sie und lachte.

Zu Beginn sollten die Schüler wieder einen möglichst schlechten Text schreiben und diesen möglichst schlecht performen. Die Ergebnisse waren nicht so witzig wie erwartet. Für die meisten Schüler hier schien ein *schlechter* Text einfach nur ein *Nonsense*-Text zu sein. Sie schrieben Texte ohne inhaltliche Substanz. »Ich unterhalte mich mit meiner Mutter, dann explodiert ihr Kopf, dann kaufe ich mir ein Eis.«

Dass Nonsense an sich kein künstlerischer Fehler ist, sondern durchaus zu unterhaltsamen Ergebnissen führen kann – wie man zum Beispiel bei Helge Schneider, Max Goldt oder Musikvideos von Yung Hurn und LGoony sieht –, verstanden sie nicht. Und das Thema *Performance* schien ihnen völlig fremd. Im Anschluss ließ ich sie ein kleines Gedicht schreiben, zu dessen Vortrag leider die Zeit fehlte. Wie gesagt: Neunzig Minuten sind zu wenig.

Da zwischen den Workshops eine ganze Schulstunde Pause war und ich ziemlich genervt ausgesehen haben musste, beschloss meine chinesische Betreuerin, mir einen Kaffee zu suchen. Eine halbe Stunde später brühte ich Nescafé-Instantpulver, wo die Milch schon dabei war, mit heißem Wasser auf.

Dann ging ich zur Morgengymnastik. Diese war – wie in Chengdu – ein Highlight. Ich war ein großer Fan von Morgengymnastik. Und ich schien ebenfalls ein Highlight zu sein. In Yuxi gab es – anders als in den Großstädten – Chinesen, die in ihrem ganzen Leben noch keinen einzigen Europäer gesehen hatten. Wenn man durch die Straßen lief, konnte es passieren, dass man besungen oder auf Chinesisch angesprochen wurde. Einfach, weil sich die Leute nicht vorstellen konnten, dass es Leute auf der Welt gab, die ihre Sprache nicht verstehen. Einmal stellte sich im

Park ein alter Mann mit Spazierstock vor mich und starrte ein paar Minuten mit offenem Mund mein Gesicht an. Er war groß und hager und hatte einen langen, weißen Bart. Insgesamt sah er aus wie Saruman aus *Herr der Ringe*. (Beziehungsweise Sarumans asiatische Alter Ego: Saru-Wang.) Meine Begleitung erklärte, ich sei der einzige Westler, den er in seinem ganzen Leben je gesehen hatte.

So in etwa muss es gewesen sein, bei Kriegsende als Schwarzer durch Bayern zu laufen, dachte ich. Und vielleicht war es auch jetzt noch so, wenn man als Schwarzer durch Bayern lief.

Den zweiten Workshop würde Frau Jin-Tonnig bewachen. Zehn Minuten vor Beginn erfuhr ich, dass ich innerhalb von sechzig Minuten mit komplett neuen Schülern Gedichte produzieren sollte, die noch am Nachmittag bei der Schulvorführung vorgetragen werden sollten. Die Hälfte von ihnen waren die Deutschen aus Hannover.

»Ein Gedicht zum Thema deutsch-chinesischer Klimaschutz«, sagte Frau Jin-Tonnig und lachte hysterisch. Super, dachte ich. Das ist, als würde man jemandem, der nicht tanzen kann, ein paar Schritte beibringen und sagen: »Aber heute Abend bei der Hochzeit tanzt du dann bitte den *Schwanensee* vor.« Vor allem, wenn die Hälfte eh noch im Jetlag war. Und dann auch noch ein Text zum Thema Klimaschutz und Energie. Was sollte man über Energie schon groß sagen, verdammt! *Energie ist knapp, Klimaschutz ist gut*. Ende der Geschichte. Mit Poesie hatte das nichts zu tun! Aber gut, ich hatte schon verloren. Jetzt war ich nur noch Spielball. Und musste versuchen, das Beste draus zu machen.

»Okay«, sagte ich zu den Schülern. »Bitte schreibt einen Achtzeiler zum Thema deutsch-chinesischer Klimaschutz. Ich weiß, die Aufgabenstellung ist nicht ganz leicht. Aber es muss wirklich nicht genial sein. Und bitte. Ich will jetzt nicht dreißig Lobeshymnen auf den Umweltschutz hören. Geht das Thema ruhig pfiffig an. Schreibt zum Beispiel mal einen Text darüber, wie schlimm Klimaschutz ist. Das fände ich witzig.« Aber natürlich passierte das nicht. Stattdessen bekam ich dreißig kleine Texte darüber, wie toll der deutsche Klimaschutz ist und wie schlecht der chinesische.

»Was ist das eigentlich für ein Projekt, das ihr da mit den chinesischen Schülern habt«, fragte ich eines der deutschen, sehr müden Mädchen, das gerade einen neunstündigen Flug hinter sich gehabt haben musste.

»Ach, keine Ahnung«, sagte sie. »Wir schenken ihnen dreißig Fahrräder. Aber letztlich ist das nur ein Vorwand, um unsere Reise zu finanzieren. *Projekt* würde ich das nicht nennen.« Na toll, dachte ich. Doch dann unterbrach auch schon Frau Jin-Tonnig die Übung mit dem Satz: »Wir gehen jetzt in die Turnhalle und lernen einen Cowboy-Tanz!« Langsam wurde ich aggressiv. War es nicht sinnvoller, dachte ich, die armen Deutschen erst einmal ankommen zu lassen? Sie werden hier von Programmpunkt zu Programmpunkt gehetzt. Was. Soll. Das.

Da bis zum Mittagessen noch zwei Stunden Zeit waren, beschloss ich zu tun, was ich mir schon die ganze letzte Woche vorgenommen hatte: Hühnerfüße kaufen. Und mich massieren lassen.

Die Hühnerfüße schmeckten nach nichts. Nur Knorpel. Und natürlich kostete es ein bisschen Überwindung, erst einmal hineinzubeißen. Die gekrümmte Haltung der Füße erinnerte mich an die Finger einer kleinen Klavierschülerin. *Knurps, knurps.* Die Massage wiederum kostete dreißig Yuan – also keine fünf Euro – und tat wirklich gut. Gerade jetzt. Der Masseur gab im Anschluss zu verstehen, dass ich einen erstaunlich verspannten Nacken hätte und doch öfter mal nach oben schauen sollte – anstatt immer nur auf den Bildschirm. Wie das klang! Richtig pervers. Wie, wenn

Leute eine Sehnenscheidenentzündung bekommen vom zu vielen Wichsen. Trotzdem war ich natürlich sehr froh ob den Erhalt dieser Information und bedankte mich höflich.

Zu Mittag wurde ich mit einem großen Kreis deutsch-chinesischer Politiker zum Essen eingeladen. Schon im Eingangsbereich merkte ich, dass dieses Restaurant in der chinesischen Provinz eine Spur krasser werden würde als die Snackbuden in der Großstadt. Es gab neben den üblichen Aquarien mit Fischen und Krabben auch Terrarien mit Schildkröten und Fröschen, die man essen konnte. Am Esstisch wurden dann erst einmal Würmer, Heuschrecken und ein Hühnerkopf serviert. Manche Tiere davon waren mir definitiv zu menschlich. Ich stellte mir die ganze Zeit vor, sie würden ihren Kopf in meine Richtung drehen und ironische Kommentare von sich geben wie bei *BoJack Horseman*. Hoffentlich, dachte ich, bringen sie jetzt nicht einen toten Hund rein. Das hätte mich in ernsthafte moralische Konflikte gestürzt. Wobei, dachte ich, das wohl unterm Strich immer noch moralischer wäre als Hackfleisch für 79 Cent

Ein rohes weißes Stück Fischfilet schmeckte besonders gut. Wenn es auf der großen runden Platte in der Mitte des Tisches an mir vorbeifuhr, ließ ich keine Gelegenheit aus, mir ein Stück davon zu stibitzen. Auf der Fahrt zurück zur Schule erfuhr ich, dass es sich nicht um einen Fisch, sondern eine Fünfzig-Zentimeter-Meeresschnecke gehandelt hatte.

Am Nachmittag verlasen alle Schüler ihre Gedichte. In der Turnhalle waren nicht weniger als 1 500 chinesische Schüler. Verrückt vor allem, wenn man bedenkt, dass das nur die elfte Klasse der Schule war. Ganz recht: eine einzige Jahrgangsstufe mit 1 500 Leuten. Ich hatte acht Gedichte ausgesucht, die nicht ganz scheiße waren, und bat die Schüler, ihre Texte vorzutragen.

Zuerst hielt mein Onkel, der extra für die Feierlichkeiten angereist war, eine Rede. Dann stiegen ein paar deutsch-chinesische Schüler auf die Räder. Auch ich war dabei. Und wir fuhren eine Runde, um zu demonstrieren, wie so ein Fahrrad funktioniert, während im Hintergrund laut *Mein Fahrrad* von den Prinzen aus den Boxen der Turnhalle dröhnte.

Neulich bin ich mit hundertzwanzig
Auf meinem Fahrrad herumgefahren
Und wie immer konnte ich nur hoffen
Die Polizei hält mich nicht an
Denn dann müsste ich Strafe zahlen
Und man führte mich zum Verhör
Und mein armes kleines Fahrrad
Stände alleine vor der Tür

»Schon verrückt«, sagte ich zu meinem Onkel, »dass ich bei einer Bühnenpoesie-Tour am meisten Applaus bekomme dafür, dass ich mit einem Fahrrad fahre.« Er lachte.

Im Anschluss erzählten ein deutscher und ein chinesischer Schüler, wie wichtig ein Helm sei. Um das zu demonstrieren, ließen sie eine Wassermelone fallen. Nach dem Aufprall war sie völlig zermatscht. Ein Raunen ging durch die Menge. »Wenn ihr keinen Helm tragt, sieht euer Kopf so aus«, sagte der deutsche Schüler. Der chinesische übersetzte. Wieder ein Raunen. »Aaaw«, machten die Chinesen.

Dann nahmen sie eine zweite Wassermelone, zogen ihr einen Helm auf und ließen sie fallen. Die Wassermelone blieb ganz. Die Menge tobte vor Glück.

Dann waren die Gedichte dran. Eine Zumutung. Ich wiederhole mich: Nach insgesamt noch nicht einmal sechzig Minuten Workshop einen Text vor 1 500 Zuschauern vorlesen. Nein. Das ging gar nicht. Aber genau diese Scheiße kam dabei raus, wenn Workshops von dauergestressten Lehrern, die keine Ahnung hatten, geplant wurden.

Zum Glück schlugen sich die Schüler ganz gut. Niemand kippte um oder kam groß ins Stottern oder pinkelte sich in die Hose oder so. Das ist das vielleicht Wichtigste bei einem Auftritt, dass man einigermaßen die Nerven behält. Später, als sie wieder saßen, lief ich die Reihe unter ihnen vorbei und schüttelte jedem aus der Zwergenperspektive die Hand. Das Publikum war längst beim nächsten Programmpunkt.

»Als ich 2001 nach China gekommen bin«, sagte eine chinesische Fahrradakrobatin auf Chinesisch, so zumindest ließ ich es mir nachher übersetzen, »sind die Leute noch viel mit dem Fahrrad gefahren. Doch jetzt benutzen sie nur noch das Auto. Dabei ist das Fahrrad nicht nur besser für die Umwelt, sondern auch gut für die Gesundheit und sehr, sehr praktisch.«

Sie machte ein paar Tricks, einen Handstand auf dem Lenker und diese Dinge, während die Schüler applaudierten. Dann hielt sie zum krönenden Abschluss das Fahrrad in die Höhe. Tosender Applaus. Dieses Gerät – das leuchtete allen ein – war die Zukunft.

Übrigens trug sie bei all dem keinen Helm. Scheiß Pädagogik.

Es ist, wie es ist

Zurück in Deutschland – mit dem neuen Reisepass hatte es tatsächlich keine Probleme gegeben –, brauchte ich Monate, um mich wieder an die Heimat zu gewöhnen. Alles wirkte auf einmal so ruhig. Wie ein *Jurassic Park* ohne Dinosaurier. Und trotzdem fiel mir das Zur-Ruhe-Kommen schwer. Denn alles, was mich umgab, war auch in etwa so bedeutend wie ein *Jurassic Park* ohne Dinosaurier.

Wenn ich mir in der Innenstadt etwas zu essen holte, kam es mir im Vergleich zu den chinesischen Megametropolen immer vor, als würde ich über einen Friedhof laufen. Mit einem Ziffernblatt ohne Zeiger. Und zwar egal, wo ich war. Selbst in München oder am Frankfurter Hauptbahnhof. Wenn China ein Wimmelbild war, Deutschland war ein Scherenschnitt, ein Kupferstich mit nur einem Stich. Und ich kam mir darin vor wie der letzte Dodo.

Ich las *Die Aufzeichnungen des Malte Laurids Brigge* zum fünften Mal.

Wieder verstand ich das Ende nicht. Es kam mir zu leblos vor, zu abstrakt. Und abrupt war es auch. Na ja, dachte ich. Manchmal gibt es eben kein richtiges Ende. Was sollte bei einem Buch, das den Anspruch hat, die ganze Absurdität der menschlichen Existenz, die Zerrissenheit zwischen Trieb und Neurose zu skizzieren, schon stehen? *Und dann kaufte ich mir ein Schokoladeneis und war für immer zufrieden?*

Jedenfalls entdeckte ich erneut unzählige Passagen, die mir im Hier und Jetzt wirklich halfen. Es war, als spräche ein alter Freund. »In späteren Jahren«, stand da zum Beispiel, »geschah es mir zuweilen nachts, dass ich aufwachte, und die Sterne standen so wirklich da und gingen so bedeutend vor, und ich konnte nicht begreifen, wie man es über sich brachte, so viel Welt zu versäumen.« Das alles passte so gut zu meinem Alltag, dass ich beim Lesen fast das Buch fallen ließ.

An einer anderen Stelle fragte sich der junge Rilke: »Wozu soll ich jemandem sagen, dass ich mich verändere? Wenn ich mich verändere, bleibe ich ja doch nicht der, der ich war, und bin ich etwas anderes als bisher, so ist klar, dass ich keine Bekannten habe.«

Dann glaubte er, der zum Zeitpunkt der Veröffentlichung vor ziemlich genau einhundert Jahren in ziemlich genau meinem jetzigen Alter war, genau wie ich »nun endlich an die Stelle des Lebens gekommen zu sein, an der ich bleiben würde«.

Weiter hieß es: »Man tut gut, gewisse Dinge, die sich nicht mehr ändern werden, einfach festzustellen, ohne die Tatsachen zu bedauern oder auch nur zu beurteilen.« War das die Antwort? Resignation? Würde sich mein Bauchgefühl jemals wieder bessern? Schließlich würde ich weder China noch Deutschland jemals wirklich ändern können. Gleichzeitig würde der Tag kommen, da ich wieder im Hier und Jetzt würde funktionieren müssen. Aufstehen. Kaffee kochen. Zeitung lesen. Durch einen Stadtpark laufen und dabei nicht denken, dass wir alle unsere Zeit verschwenden.

Oft dachte ich auch an die Nacht mit Mona.

Wie wir da vor dem Club saßen, der doch tatsächlich *Judendisko* hieß und mit einem sich langsam drehenden Davidstern gekennzeichnet war. Wie ich in der Disko tatsächlich jedes Getränk kostenlos hätte haben und praktisch mit jeder Frau hätte schlafen können. Sobald wir einen Fuß in die Disko gesetzt hatten, war der Clubbesitzer persönlich gekommen und hatte uns zu einem Tisch geführt. »Everything is for free«, hatte er gesagt. Ich hatte nicht verstanden, woraufhin er gesagt hatte: »I like Germans.« Und: »And I like people to move around a little bit. You know?« Danach hatte er eine Flasche Whisky auf den Tisch geknallt und war wieder losgezogen, um uns Eistee zu holen.

Ich dachte an die DJane, die – mit einem denkbar freizügigen Glitzerkostüm bekleidet – am Mischpult stand. Ich dachte an Lukas, den ultimativen Proll, der nichts als Party machte. Und ich dachte daran, wie mir diese stark pervertierte Form einer Weggehkultur so gar nicht zusagte, weil unter anderem neben der Tanzfläche Putzfrauen standen, die während der Party unter den tanzenden Gästen saubermachten.

»Was machst du hier eigentlich?«, hatte ich Lukas gefragt.

»Party«, hatte er geantwortet.

»Nein, ich meine: Was machst du beruflich?«, hatte ich nachgehakt.

»Party«, hatte er wiederholt.

Dann dachte ich darüber nach, wie Mona und ich morgens um fünf auf den Stufen der Universität saßen und es mit einem Mal aus mir rausbrach. Wie ich ihre Hand nahm und ihr tief in die Augen blickte und all meinen Mut zusammennahm. »Mona«, sagte ich. »Diese ganze Reise hier ist nur eine Farce! Ich bin kein Poet. Das Goethe-Institut hat mich gar nicht eingeladen. Und ich verschwende hier nur meine Zeit, verstehst du?

Ich erkläre den Kindern und Studenten, wie toll das ist, was ich in Deutschland mache, aber genau genommen ist es ein Haufen Scheiße! Und ich bin nicht mal besonders gut darin. Das geht mir auch in Deutschland so, wenn ich in Schulen gehe. Ich würde die Kinder am liebsten anschreien und sagen: *Werdet bloß nicht so wie ich! Lernt etwas Gescheites! Nein, nicht jeder kann schreiben. Das ist eine Lüge!* Und wenn sie mich fragen: *Kannst du davon leben?* Würde ich antworten: *Natürlich kann ich davon leben. ABER SCHLECHT.* Seelenstriptease, den ganzen Tag. Morgens, mittags, abends Seelenstriptease. Und dabei auch noch so tun, als würde man seinen Traum leben, obwohl man längst bemerkt hat, dass es gar keine Träume mehr gibt, weil man sich den einen großen Traum vom *Künstlerdasein* eben auch noch kaputt gemacht hat. Wirklich. Manchmal gibt es nichts Schlimmeres, als genau das zu kriegen, was man will.

Und dieses ständige Gefasel darüber, wie ›verkannt‹ alle sind.

Ich habe noch nie einen Kollegen kennengelernt, bei dem ich wirklich das Gefühl hatte, er wäre *verkannt*. Wenn du etwas draufhast, dann wird was aus dir, und wenn nicht, dann eben nicht. So einfach ist das. Oder eben nur mit viel Glück, verstehst du? Glück und Erfolg, das kann man so wenig erzwingen. Leute fragen mich immer: Wieso hat Julia Engelmann einen Hype ausgelöst? Wieso sind die *Känguru-Chroniken* von Marc-Uwe Kling erfolgreich? Wieso gilt Enissa Amani als der neue Stern am Comedy-Himmel? Aber genauso gut könnte ich zurückschreien: Ja, keine Ahnung, Mann! Wieso war *Schnappi das kleine Krokodil* ein Hit? Wieso hören die Leute David Guetta und nicht Jazz? Ja, weil das eben so ist, gottverdammt! Niemand, der kulturschaffend ist, sollte sich je über das Ausbleiben von Erfolg wundern. Ich hab so viel mit Jazzmusikern zusammengearbeitet, die wirklich etwas draufhatten. Seit zwanzig Jahren zehn Stunden am Tag üben. Ihr Instrument hassen. Und es brach mir das Herz, wenn sie dann vor sieben Zuschauern auftraten, aber irgendwann dachte ich mir: Scheiß doch drauf! Man kann doch nicht Kulturschaffender werden und sich dann beklagen, dass man kein Geld verdient. Wo einem doch seit der Grundschule jeder Erwachsene, der einigermaßen wach ist, in die Birne schreit: *Werde bloß kein Künstler, das bringt nichts!* Du kannst der beste Stummfilmschauspieler der Welt sein und trotzdem arbeitslos.

Aber es ist ja nicht einmal das Geld, weißt du? Es ist diese verdammte Bitterkeit. Dieser Drang, immer durchs Land zu tingeln und sich selbst zu produzieren. Wie so ein Scheißhausierer. *Kauft mein Buch!* Kein Wunder, dass die meisten meiner Kollegen entweder Alkoholiker sind oder tief religiös oder beides. Kultur ist der beste Weg direkt in die Verzweiflung, weil: Wirklich *zu sagen* haben wir doch eh alle nichts. Außer vielleicht, dass der Flieger unbequem war oder das Essen scheiße geschmeckt hat oder wie witzig irgendwelche Leute heißen. Immer dieses verdammte Witzigsein. *Pointe, Pointe, Pointe.* Wie passend, dass ich erst in ein Land fahren muss ohne Humor, um zu merken, wie sehr mich das anödet! Wie sehr ich den Leuten manchmal einfach ins Gesicht furzen will und sagen: Jetzt lach, du Hurensohn!«

Mona lachte.

»Ich hasse meinen Job«, sagte ich.

»Darf ich dich mal was fragen?«, fragte sie. »Diese Reise, die hat dein Onkel organisiert, oder?«

»Ja, klar.«

»Und die Goethe-Institute hat er einfach kontaktiert und dich ihnen aufgebrummt?«

»Genau. Ich bin ein Witz. Selbst das mit dem Mathematikstudium ist gelogen. Und die Selbstständigkeit alles andere als geil. Das denkt man ja als Teenie immer: Mach dich selbstständig, dann bist du frei. Aber im Grunde bist du das Gegenteil von frei. Jeden Scheißtag mache ich Büroarbeit. Und schreibe Mails, stelle Anträge, die ganze Scheiße. Ich verdiene nicht mehr als ein

Zahnarzt. Es ist alles eine große, fette Lüge. Wenn das so weiter-geht, kann ich mir mein Poetendasein schon in einem halben Jahr an den Schuh nageln.«

Mona nahm meine Hand und begann, sie zu streicheln. Sie wurde recht warm. »Weißt du«, sagte sie, als würden wir uns schon seit hundert Jahren kennen. »Das ist alles halb so schlimm. Komm mal zur Ruhe, wenn du wieder zurück bist. Trink eine Tasse Tee. Atme tief durch. Alles, was du machen kannst, ist deine Arbeit. Und die so gut wie möglich. *Das Beste hoffen, mit dem Schlimms-ten rechnen.* Das hat doch auch mal irgendein Fußballer gesagt.«

»Und anstatt zu Hause zu bleiben und die Scherben zusammen-zukehren«, fuhr ich unbeirrt fort, »und das Beste aus dem zu ma-chen, was noch übrig ist, komme ich hierher, nach Scheißchina, und spiele den großen Macker. Ich bin echt das Letzte.«

»Ach, Thomas«, sagte sie. »Das machen doch alle so. Du hast mir so viel über den Drang, sich moralisch erhaben zu fühlen, er-zählt. Aber gerade bei dir habe ich oft das Gefühl, du versuchst dich um jeden Preis, nicht moralisch erhaben zu fühlen. Mach dich nicht kleiner, als du bist.«

»Das ist mein Job«, sagte ich.

»Aber jetzt ist Feierabend«, sagte sie, stand auf und verab-schiedete sich.

Be Cool, Speak Deutsch

Oh, mein liebes Deutsch. Du bist so einfach, dass ich kann alle Grammatik anwenden richtig.

Oh, mein liebes Deutsch. Du bist so einfach, dass ich genau weiß, wenn siezen und duzen zu benutzen ist.

Oh, mein liebes Deutsch. Du bist so einfach, dass der Sonne, die Mund, die Mädchen, der See, die See mir ganz bekannt sind.

Oh, mein liebes Deutsch. Du bist so einfach, dass ich ganz genau weiß, wenn ich einen Vogel habe, habe ich einen Vogel oder nicht.

Oh, mein liebes Deutsch. Wenn wir heute keine Prüfung haben, haben wir morgen eine Prüfung.

Zurück ins Paradies

Der letzte Auftritt in der Drei-Millionen-Einwohner-Stadt Kunming war richtig scheiße. Es herrschte starker Lärm, und von den fünfzig Barbesuchern hörten mir vielleicht zehn zu. Von der Bühne aus kam es einem vor, als würde man gegen ein großes Tier kämpfen. In diesen Momenten war es wichtig, einfach keinen Fick zu geben und sein Ding durchzuziehen. Ich suchte mir fünf Leute vor der Bühne aus, die uns ganz offensichtlich zuhörten, und schmetterte meinen Text ins Mikrofon. Nur für sie.

Nach meinem Auftritt versuchte ein fetter Typ aufzustehen und fiel dabei um. Er war wohl ziemlich besoffen, ein sogenannter *LBH*, ein *Loser Back Home*. Viele Europäer, die zu Hause nichts auf die Kette kriegten, kamen nach China, um zu heiraten und von ihrer mickrigen Arbeitslosenrente zu leben wie ein Feldherr. Na ja. Und wenn schon. Ich gönnte es ihm. Und so toll konnte es ja nicht sein, sonst würde er nicht saufen.

Das sollte jetzt also der Abschluss gewesen sein? Das Finale Grande? In irgendeiner Spelunke am Arsch der Welt vor fünf versoffenen Deutschen auftreten, die alle aussahen wie Otto von Bismarck? Wo war die Schlusspointe, der letzte große Twist?, dachte ich, als mein Onkel zur Bar schlurfte und Getränke holte.

Plötzlich ließ sich ein Mann neben mich fallen. Er schlug mir auf die Schulter. Und sah aus wie ein typischer Klettermax, ein

Strich in der Landschaft. Mit ärmelfreiem Shirt und eng anliegender Hose, Ziegenbärtchen, Ohrring und großer Sonnenbrille. Insgesamt war er sehr drahtig. Vielleicht auch Fahrradkünstler. Und wenn er sprach, zuckten seine Mundwinkel wie Blitze.

»Ich fand dich cool«, schrie er.

»Echt? *Das* fandest du cool?«

»Ja«, sagte er. »Es hatte *Taug*.«

»Danke.«

»*Cowabunga*.«

Sheesh, dachte ich. Was waren das für Wörter!

»Und du bist Poet?«

»Ja.« Mein Onkel brachte mir tonlos eine Cola. Dann ging er weg und unterhielt sich mit einem anderen Barbesucher.

»Kann man davon leben?«, fragte die Langnase.

»Ja«, sagte ich. Und ich malte mir aus, wie oft ich diese Frage noch hören würde in meinem Leben. Vor allem so komisch betont. Als handele es sich bei *davon* um eine Krankheit, einen Ausschlag oder eine absolut abstruse Fähigkeit – sagen wir – dreieinhalb Liter Schokomilch auf Ex trinken zu können, ohne dabei zu kotzen.

Kollegen von mir kontern die Frage gerne mit einem flotten Spruch. »Nein, aber ich kann *dafür* leben.« Zum Beispiel, oder: »Nein, aber es reicht zum *Überleben*.« Dabei genügt ein simples Ja, um im Keim zu ersticken, was zu einer kritischen Analyse meiner beruflichen Tätigkeit ausarten könnte. Diesen einen Vorteil hat die Diktatur des Geldes dann nämlich doch: dass Geld allein als Totschlagargument ausreicht. Das war ja auch der einzige Grund dafür, dass der Kapitalismus funktionierte: Es war einfach scheiße geil, reich zu sein. Jeder, der das nicht glaubt, hat sich noch nie nachts um halb fünf im Hotel eine Crème brûlée aufs Zimmer bringen lassen.

Man kann noch so keck und eloquent sein. Auf Dauer nervt es wirklich, dass Leute ständig versuchen, meinen Beruf zu kategorisieren. »Sie sind Bühnenautor? Ach, *Sie sind so eine Art Journalist.* Verstehe.« Na klar, denke ich mir dann immer, aber welcher Journalist trägt schon das Elaborat seiner Recherche vor sechshundert Zuschauern vor und wird danach bepunktet wie ein Marienkäfer mit Pigmentstörung? Das ist, als würde man sagen: »Sie sind Architekt? Ach, Sie sind *so eine Art Hebamme für Häuser.* Wie reizend.« Oder: »Sie sind Biologe? Ach, Sie machen Aktfotografie mit Bazillen.« Es ist zum... »GEIL!«, sagte der drahtige Typ. »Ich bin Touristenführer. Es ist schön, wenn man das machen kann, was einem Spaß macht. Das ist das Geilste, oder? Es ist *Geilomat. Coolicopter.* Der *Oberknülli.*«

»Stimmt«, sagte ich tonlos und nippte von meiner Kindercola, wobei ich langsam merkte: Dieser Typ war anders als alle Deutschen in China, die ich bisher getroffen hatte. Er war nicht so verzweifelt. Er sah gesund aus. Und frisch. Wach. Und fröhlich. Und dennoch hatte er etwas unglaublich Kaltes, Arrogantes, Verbissenes. Seine Augen wirkten fast wie die einer Echse.

»Gefällt dir China?«, fragte ich und erwartete das Typische: *Na ja. Ist halt nervig, aber watt willste machen.*

Aber zu meiner großen Überraschung sagte er, nein, er schrie: »JA, MANN. CHINA IST VOLL GEIL, ALTER!«

»Wirklich?«, fragte ich.

»Auf *jedesten.* Kunming ist der Hammer! Das Paradies auf Erden! Das Essen ist billig! Ich gehe dreimal am Tag ins Restaurant und bekomme für einen Euro eine Mahlzeit! In Kunming kannst du alles machen, verstehst du? Alles! ALLES. Du kannst dir ein Moped kaufen und aus der Stadt rausfahren, und in einer halben Stunde bist du in dem muttergefickten Dschungel! DER DSCHUNGEL, KAPIERT?! Mit Tigern und Affen und dieser Scheiße. Dagegen ist die deutsche Landschaft richtig langweilig. Nur braun. Und Laub. Hier hingegen kannst du Gras rauchen und … einfach ALLES machen, was du willst! Europäer wollen immer nach Südostasien. Nach Myanmar und Bali und Indonesien und Thailand, aber dort verhungern die Leute auf den Straßen! Dort beißen die Leute buchstäblich ins Gras. China ist so viel geiler als all das in Asien! Du musst es ausnutzen, solange es noch ein schlechtes Image hat!

Ich bin hier vor zwei Jahren spontan hergezogen, verstehst du?! Meine Frau hat einen Job gefunden als Bodenforscherin an einem Institut. Die Chinesen wollen ihr Klima krass verbessern, weißt du?! Sie baut so Pflanzen an, und dann schaut sie, was für Schadstoffe da drin sind, kapiert?! Aber meine Eltern haben mich nicht besucht. NIEMALS! Dabei sind sie selber Diplomaten und haben wahrscheinlich in ihrem Leben mehr Länder gesehen als jeder andere Mensch auf diesem muttergefickten Planeten. Aber nach China wollen sie nicht, weil sie denken, hier sei alles kriminell. ABER ES IST DAS VERFLUCHTE PARADIES, VERSTEHST DU? In Deutschland gibt es entweder verboten oder nicht verboten, schwarz oder weiß. In China … gibt es eine RIESIGE, FETTE GRAUZONE! Ich mein: Hast du hier irgendwo mal ein Rauchverbot-Schild gesehen? Die Leute rauchen im Kino und im gottverdammten Klassenzimmer! Ich habe nicht einmal eine Arbeitserlaubnis – kapiert? –, aber ein kleines Business mit sechs Angestellten und sogar VISITENKARTEN! In Deutschland würde ich auf der Couch herumsitzen und sitzen und wahrscheinlich … *hartzen*. Ich würde fernsehen und wichsen. Aber hier habe ich ein Leben! Und mein Leben ist so viel reicher, als es in Deutschland je sein könnte! Allein das Essen, Alter. Hier gibt es so viel mehr verschiedene Mahlzeiten als bei uns. Du musst nur die Sprache sprechen. Dann kannst du alles essen, was du willst, *comprende?!*«

Ich dachte kurz an die Fünfzig-Zentimeter-Meeresschnecke.

»In einer halben Stunde bin ich im Dschungel«, wiederholte

er und zeigte mit seinen *spindeligen* Armen in die eine Richtung. »In einer halben Stunde bin ich am Meer«, sagte er und zeigte mit seinen spindeligen Armen in die andere Richtung. »Klar, du darfst nicht wählen und nicht deine Meinung gegen die Regierung sagen. Aber Scheiße. DAS WÜRDE ICH SOWIESO NICHT! ICH SCHEISS AUF WÄHLEN! IST MIR DOCH EGAL, WELCHER WICHSER DA OBEN SITZT!« Ich schien immer noch skeptisch zu sein, deshalb holte er erneut aus.

»Vor zehn Jahren … verstehst du … waren China und Indien zwei konkurrierende Großmächte. Allen war klar: *Uiuiui, da wachsen zwei Länder mit über einer Milliarde Bewohner.* Und jeder auf diesem gottgefickten Planeten hat seine dreckigen Wichsgriffel gerieben und sich gefragt: Welche dieser beiden Großmächte wird wohl die Oberhand gewinnen? Aber jetzt hat China Indien um Längen abgehängt, verstehst du? UM LÄNGEN! China ist auf Augenhöhe mit Europa und Russland und Pakistan und Amerika. Und Indien hat noch nicht einmal eine Scheißpupille. Um bei dem Scheißbild zu bleiben, kapiert? In Indien scheißen die Leute in denselben Fluss, aus dem sie trinken, verstehst du? Und die Frauen werden vergewaltigt. Und man sieht überall Leichenberge am Straßenrand. Hast du hier schon einmal eine einzige Leiche gesehen? HAST DU EINE EINZIGE LEICHE GE-SEHEN?! Nein, eben. Ich meine: Wie viele Leute hast du in den letzten drei Wochen gesehen? Hunderttausend? Fünfhunderttausend? Hier gibt es Straßenkreuzungen, wo in einer einzigen muttergefickten Grünphase 10 000 Menschen über die Kreuzung gehen. Aber alle haben was zu essen und können zur Schule gehen. DA SCHEISS ICH DOCH AUF DIE DEMOKRATIE! Winston Churchill hat mal gesagt: Das beste Argument gegen die Demokratie ist ein fünfminütiges Gespräch mit dem durchschnittlichen Wähler. Und oh, wie recht er hat, kapierst du?

Weißt du: In Indonesien sind sie alle Hitler-Fans. Nicht wegen dem Genozid. Nein. Sie finden es einfach respektabel, dass da jemand in Zeiten der Krise kam und auf den Tisch gehauen hat und eine klare Meinung klar vertreten hat und alle Mäuler gestopft und ein ganzes Land in Aufbruchstimmung versetzt. Wenn auch mit negativem Ausgang. Aber es ist alles so *relativ*, verstehst? So verflucht *relativ*.«

»Ich finde es auch schade«, sagte ich, »wenn Deutsche Deutschland für das Nonplusultra halten. Weil in Deutschland auch alles den Bach runtergeht.«

»Klar«, sagte die Nase, »in Deutschland geht alles den Bach runter. Aber wir Deutschen sind im Moment die Nummer eins in Europa. Und Weltmeister. Und das wissen alle. Was glaubst du, wieso die Deutschen nicht mehr wählen. Die hocken in ihrer Freizeit lieber mit einem Weißbier rum. Und furzen in ihre Schrebergärten. Und holen sich einen auf Mario Götze runter. Oder auf ihre Meinung zu Mario Götze. Tu mir einen Gefallen. Erzähl allen in Deutschland, wie affengeil Kunming ist.«

»Okay«, sagte ich. »Mach ich.« Ich wusste nicht, wann ich es zuletzt gehört hatte, dass jemand *affengeil* sagt.

»Nein, wirklich«, sagte er und schüttelte mich am Arm. »Du musst es mir versprechen!« War er auf Koks?

»Ich verspreche es.« Wir gaben uns die Hand, und noch während er sie hielt, sagte er: »Versprich mir, dass du all deinen Freunden erzählst, wie geil China ist. Haha! Oder besser noch: Schreib mal einen Slam drüber.«

Danksagungen:

Ich danke Johannes Berger. Ohne Johannes wäre ich nie nach China gereist. Er war mein »Onkel«, ihm ist dieses Buch gewidmet. Außerdem danke ich dem Goethe-Institut und allen, die wir auf der Reise getroffen haben, für die Hilfe, die Geduld und die vielen spannenden Gespräche.

Vier weitere Personen waren essenziell für die Entstehung von *Goethe, Schiller, Chinakohl:* Moses Wolff, Hazel Brugger, Hannes Mischkowski und mein Mitbewohner Mike Stieglmeier. Sie haben mich während der Schaffenszeit bei so ziemlich allem unterstützt und wertgeschätzt.

Zudem danke ich meiner Agentin Ilona Jäger von der Wortunion, meinem Fotografen Alexander Urban (*alexurban.de*), der Marketingstrategin Sarah Fußhöller, der ZERO Werbeagentur für das fantastische Cover, meiner Grafikerin Kathrin Frank *(kathrinfrank.de)* sowie Johanna Babke, Kaleb Erdmann, Gabi Güntner, Andreas Köglowitz vom Unsichtbar-Verlag (*unsichtbar-verlag.de*), Valentin Kordas, Fabian Navarro, Philipp Thierer, Phibi Reichling und Stefan Spitzer für ein erstes Feedback. Barbara Bockschweiger danke ich für eine gründliche, schonungslose Kritik, die einem zweiten Lektorat gleichkam.

Ich danke Tino Bomelino, Andivalent, Helmuth Steierwald, Christian Ritter, Anika Merten (*anika-merten.de*), Nikita Gorbunov, Jörg Lohner und Katharina Herkommer (*diebildmischer.de*) und generell allen, die mich bei vorherigen Buchprojekten unterstützt haben. Ein ganz besonderer Dank gilt der gesamten Poetry-Slam-Szene. Das gilt insbesondere für die Schweizer Slam-Szene, die mich sehr wohlwollend aufgenommen hat.

Weiterhin danke ich meinen lieben Geschwistern, meinen Eltern, meinen Neffen, meinem Patenkind, Familie Thierer, Familie Brugger, Familie Landmann, Familie Spitzer, Familie Campos, Familie Natterer, Familie Mailänder, Joachim Grothe, Matthias Schmied, Christian Woitaschek, Camilla Albrecht, meinem Deutschlehrer Herrn Ochtinger, meinem Mathematikprofessor Prof. Dr. Uwe Jannsen und meinen Freunden aus Regensburg, Johannes Gehr, Findana Nafuka, Hannah Woitsch, Lina Gronich, Josef Nachtmann, Max Eigner, Roland Huber, Günter Gürlach, Inessa Slavinskaya, David Stieglitz, Christoph Schwarzfischer, Susann Jeremiasch und allen MitarbeiterInnen vom Pflegedienst im Ludwig-Thoma-Heim Regensburg, Karin Griesbeck und allen MitarbeiterInnen der Filmbühne, Vlad Kasper und allen MitarbeiterInnen vom Ka5per, Dominik Weber vom Volvo Autohaus Bauer, Andreas Wirth von der *DRUCK TEAM GmbH & Co. KG*, Susanne Borst und Karen Nielsen vom Bücher Pustet, *Cow* und den Demograffics.

Abschließend danke ich Rainer Maria Rilke und den Prinzen.

Das kleine Einmaleins der großen Zusammenhänge

Beim ausgelassenen Gespräch mit den Diplomaten[1] entstand ein sehr plastisches Bild von China, das ich im Folgenden skizzieren möchte. Selbstredend, dass es sich hierbei um subjektive Eindrücke handelt. Wer einen China-Crashkurs will, sollte besser zu einem anderen Buch greifen mit einem Titel wie *China für Dummies: Theorien und Konzepte im Wandel der Zeit*, *Allein unter 1,3 Milliarden Verrückten* oder – was weiß ich? – *Vom Hundertjährigen, der des Sonntags einmal fast statt dem Aufzug die Treppe benutzte und dabei mit dem Schnürsenkel eine Primel touchierte.*

In der fast zweijährigen Arbeit an diesem Buch habe ich diesen Teil immer wieder erneuert. Ich verzichte auf ein ausführliches Quellenverzeichnis sowie Literatur- und Filmempfehlungen, weil ich keine Objektivität suggerieren möchte. Ich bin kein Sinologe, kein Soziologe, und mit geopolitischen Zusammenhängen kenne ich mich nicht besser aus als jemand, der alle Jubeljahre bei *Spiegel Online* reinschaut.

Zudem divergieren westliche und chinesische, »offizielle« und inoffizielle Schätzungen stark. Dies gilt insbesondere für die Anzahl der Todesopfer unter Mao.

Es ergibt sich eine gewisse Problematik, wenn man einerseits versucht, knackige Aussagen über *die* Chinesen zu treffen, und andererseits, nicht in Schubladen zu denken. Natürlich bin ich mir dessen bewusst. Es gibt nicht *das* China. Genauso wenig wie es *das* Europa oder *die* USA gibt. (Insbesondere treffen sämtliche allgemeine Aussagen nicht auf die Städte Peking oder Shanghai zu, welche insgesamt stark verwestlicht sein sollen. Ich kenne Studierende, die ein ganzes Auslandssemester in Shanghai verbrachten, ohne auch nur ein Wort mit einem Chinesen zu wechseln.) Trotzdem spreche ich von *dem* China, um einen inflationären Gebrauch von Weichmachern wie *in der Regel, meistens, häufig, oft, für gewöhnlich* und dergleichen zu vermeiden.

Bildung

In China ist es schwer bis unmöglich, den Beruf zu erlernen, den man ausüben will. An chinesischen Hochschulen läuft das so ab: Man nimmt an einer Aufnahmeprüfung teil. Dann wird einem gesagt, was man alles studieren kann (und wo), und dann entscheidet man nach dem Prinzip: *Lieber ein schlechtes Fach an einer guten Hochschule als ein gutes Fach an einer schlechten Hochschule.*

Viele Eltern schicken ihre Kinder mittlerweile schon vor dem Schulabschluss ins Ausland, damit sie dort einen Schulabschluss machen und direkt studieren können, um dann wieder nach China zurückzukommen und ihren (Wunsch-)Beruf auszuüben. Da es in anderen Ländern – zum Beispiel in Deutschland – nur über Leistung geht, ist das kein Problem. Selbst ein Abitur von 1.0 ist für den Chinesen leichter zu schaffen als eine Bestnote bei der Universitätsaufnahmeprüfung. Deshalb studieren über 25 000 Chinesen an deutschen Hochschulen – so viel wie aus keinem anderen Land.[2]

Abgesehen von den strukturellen Bildungsproblemen gibt es

239

auch einen tiefen inhaltlichen Widerspruch: Nicht nur ist freie Meinungsäußerung in China nicht möglich, das konfuzianische Bildungssystem sieht Bildung als *dem Meister möglichst nahe kommen*. Den Meister übertreffen oder ihm gar widersprechen darf man nicht.

»Das heißt, in China gibt es keine Innovation?«, fragte ich einmal einen Politiker.

»Nein. Du musst mal schauen, wo China in der Länderliste bei *Patente pro Kopf* steht. Nämlich ganz unten. China ist ein furchtbar uninnovatives Land. Hier gibt es im Grunde nichts Eigenes.«

Demografie

Im Jahr 2040 wird es – ähnlich wie bei uns – in China mehr Rentner als Arbeitnehmer geben. Allerdings wird der Lebensstandard bis dahin noch nicht den europäischen Standard erreicht haben. Spätestens dann könnte es einen Bürgerkrieg geben.

Der deutsch-chinesische Austausch

ist nicht rein wirtschaftlich. Es gibt auch ein reges Interesse Chinas an deutscher Kultur. Dieses ist allerdings nicht vergleichbar mit zum Beispiel dem japanischen Interesse an deutscher Kultur – insbesondere der Literatur. (Viele Japaner sind zum Beispiel Fans von Thomas Mann oder Kafka.) Natürlich werden sämtliche deutsch-chinesischen Beziehungen von den wirtschaftlichen überschattet, wobei es im Wesentlichen darum geht, den chinesischen Markt für die Automobilindustrie zu erschließen und im Gegenzug technologisches Know-how preiszugeben (aber nicht genug, um sich als Handelspartner abzuschaffen).

Die Partei

In China herrscht eine große Skepsis gegenüber der Partei. In der Tat ist die Skepsis so groß, dass sich Vertreter der Partei mittlerweile selbst eingestehen, sie müssten »das Vertrauen der Bevölkerung zurückholen«. Was das genau bedeutet, weiß niemand so recht angesichts der vielen kriminellen und nur schwer zu durchschauenden Strukturen.

(In der ARD-Dokumentation *China: Der neue Mao*[3] drückt es der Historiker Zhang Lifan so aus: »Heute ist das größte Problem, dass man mit den Theorien der kommunistischen Partei nicht mehr rechtfertigen kann, wie sie das Land regiert. Wenn sie behauptet: *Die Partei dient dem Volk*, dann zeigen die Menschen auf die Funktionäre, die das Volk unterdrücken. Wenn sie behaupten: *Wir sind die Vorhut des Proletariats*, dann zeigen sie auf all die einflussreichen Familien, die sich in den letzten Jahren nur bereichert haben.«)

Frauen

Spätestens seit der 1979 eingeführten Ein-Kind-Politik (welche am 1. Januar 2016 offiziell beendet und zur Zwei-Kind-Politik abgeändert wurde) gibt es in China deutlich weniger Frauen als Männer: Töchter werden häufiger abgetrieben, weil die Leute natürlich wollen, dass ihr Familienname weitergetragen wird. Seit den Möglichkeiten der pränatalen Diagnostik werden in China jährlich rund eine Million weibliche Föten abgetrieben. Dazu werden mehrere Zehntausend Mädchen verstoßen.

Der Grund dafür, dass ich bei der Reise mit überdurchschnittlich vielen Frauen – und teils komplett weiblichen Klassen – zu tun hatte, ist, dass ich *etwas mit Sprache* machte und die Männer eher technische Berufe erlernen.

Chinesische Männer haben große Probleme damit, eine Partnerin zu finden. Und das wird immer schwieriger. Im Jahr 2020 wird es – auch mit der Beendigung der Ein-Kind-Politik – um die vierzig Millionen Männer geben, die vergeblich eine Partnerin suchen und keine finden. Aber anders als bei den Frauen sind unverheiratete Männer *nicht* gesellschaftlich untendurch. Schon im zarten Alter von 27 werden unverheiratete Frauen als *Sheng Nu* bezeichnet, was so viel bedeutet wie *Frauen-Rest*. Das ist auch ein Grund dafür, dass sich die Frauen ab einem gewissen Alter so stark an die Europäer ranschmeißen. Sie denken: *Lieber einen Europäer als gar keinen Mann.*

Geschichte

Eine klassische Geschichtsschreibung wie bei uns mit Denkmälern und Geschichtsbüchern gibt es in China nicht.

Die Geschichte wurde in den letzten zwei Jahrhunderten quasi alle dreißig Jahre von der jeweiligen Regierung umgeschrieben. Die beiden großen Volksverbrechen der jüngeren Geschichte – die Kulturrevolution in den Sechzigern und das Tian'anmen-Massaker 1989 – »existieren« in China nicht. Also offiziell nicht. Alle Seiten, die sich weigern, sich in der Hinsicht zensieren zu lassen – so wie Google –, werden innerhalb des Landes gesperrt. Niemand darf darüber reden. Auch wenn jeder Chinese in seiner Familie mindestens eine Person hat, die im Zuge dieser beiden Verbrechen entweder erschossen oder in ein Arbeitslager gesteckt wurde.

Seit dem Tian'anmen-Massaker, wo chinesische Panzer protestierende Studenten niederwalzten, gibt es auch keine Hoffnung mehr auf Demokratie. Die meisten Chinesen wollen nichts ändern, soziale Gerechtigkeit oder Ähnliches einfordern. Sie wollen innerhalb des jetzigen Systems so viel herausholen wie möglich und ihre Ruhe haben. Das ist der Grund dafür, dass man allerorts auf so viel Resignation stößt. Gerade in der Mittelschicht.

Gesundheitssystem

In China gibt es kaum Arztpraxen, fast nur Krankenhäuser. Jedem Bürger stehen theoretisch eine Krankenversorgung und sonstige Sozialleistungen zu. (In dieser Hinsicht hat der Kommunismus auch seine guten Seiten.) Allerdings nur an dem Ort, an dem der jeweilige Bürger gemeldet ist. Das heißt – plakativ ausgedrückt –, du hast zwar als Chinese eine staatliche Krankenversicherung, allerdings nur in einem einzigen Krankenhaus.

Das heißt auch, dass die dreihundert Millionen Gastarbeiter, die in den letzten Jahren innerhalb des Landes in die Städte zogen, ohne sich neu registrieren zu lassen (weil das oft nicht möglich oder zu kompliziert ist oder bei Schwarzarbeit Aufmerksamkeit erregen würde), nicht versichert sind.

Und das wiederum bedeutet: Jeder vierte Chinese ist nicht krankenversichert. Zudem sind die Krankenhäuser oft überfüllt, die Ärzte werden schlecht bezahlt und geben zu schnell Diagnosen. Dies führt dazu, dass viele Chinesen nicht zum Arzt gehen. Oder Ärzte bedrohen.[4] In der ARD-Dokumentation *China: Lebensgefährlich – Klassenmedizin im Kommunismus*[5] wird die Geschichte eines Mannes beschrieben, der zu Hause bleibt, obwohl er Bauchspeicheldrüsenkrebs hat, weil ihm die Behandlung zu teuer ist.

Globalisierung

Die Globalisierung Chinas ist ein Eiertanz: Einerseits haben die Chinesen großes Interesse, Beziehungen zu anderen Ländern aufzubauen (auch wegen dem Know-how in technischen und logistischen Dingen). Andererseits haben sie Angst, dass ihre Währung im Zuge der Globalisierung an Wert verliert. Vor allem, wenn bekannt wird, inwiefern der Bau von Immobilien finanziell gedeckt ist. Beziehungsweise, dass er eben nicht gedeckt ist.

Viele Wirtschaftsexperten sahen das zögerliche China als Hauptgrund für eine Anfang 2016 insgesamt schwächelnde Weltwirtschaft. Im Februar 2016 berichtete *Spiegel Online*, dass große Hedgefonds begonnen hätten, gegen den Yuan zu spekulieren. So glaube der Manager Kyle Bass, dass der Yuan »in den kommenden drei Jahren um bis zu vierzig Prozent fallen« werde.[6]

Immobilien

Der Immobilienboom in China rührt daher, dass es – wie vielerorts auf der Welt – quasi keine Risiken gibt für Immobilienpromoter. Diese verkaufen einen Bärenanteil der Wohnungen schon, bevor sie mit dem Bau beginnen. Der Rest wird verkauft, während das Haus fertiggestellt wird. Das Risiko liegt einzig beim Käufer. Die Käufer wiederum bezahlen die hohen Wohnungspreise mit Krediten, die sie auf dem Schwarzmarkt bekommen. (In *Der Chinese an sich und im Allgemeinen*[7] steht: »Wohneigentum in China ist kein echtes Eigentum. Wer eine Immobilie kauft, der kauft sie für siebzig Jahre. Danach geht das Wohneigentum nach derzeitigen Gesetzen wieder in Staatseigentum über. Hinzu kommt eine miserable Bauqualität. Nach einer Untersuchung der *German Industry and Commerce of Greater China* beträgt die durchschnittliche Lebensdauer chinesischer Wohnimmobilien derzeit dreißig Jahre. In den westlichen Industrieländern stehen Wohnimmobilien im Schnitt 132 Jahre.«)

Immobilienkrise

Niemand weiß, was passiert, wenn alle ihre Kredite zurückverlangen und die Leute ihre Wohnungen verkaufen müssen. In diesem Fall müsste der Staat nämlich einspringen und Hochhäuser kaufen. Dann würden sämtliche Hochhäuser Chinas verstaatlicht.

In der Vergangenheit gab es in China etliche Immobilienkrisen. Deshalb sieht man auch so viele leer stehende Hochhäuser – zum Beispiel auf der Strecke zwischen Chengdu und Chongqing. Zwischen den Städten sieht es manchmal aus wie in einem postapokalyptischen Science-Fiction-Film. (In *Der Chinese an sich und im Allgemeinen* heißt es: »Die Immobilienpreise im heutigen China explodieren seit Jahren. Die Preisspirale scheint kein Ende zu nehmen, und so verwundert es nicht, dass sich Chinesen heute selbst als »Haussklaven« bezeichnen, so stark ist der finanzielle Druck, der auf ihnen lastet. Sicherheit und Beständigkeit bringt der Boom nur den Immobilienmaklern, Baufirmen und Banken.

Die Immobilienbranche ist derzeit neben dem Export der wirtschaftliche Motor des Landes. Allein von 2012 auf 2013 stieg die Zahl der neu verkauften Wohnungen und Häuser im Reich der Mitte um 27 Prozent.«)

Kommunismus

Das ganze chinesische Wachstum und der Kommunismus – wie passt das eigentlich zusammen?

Die Antwort: China ist eigentlich kein kommunistisches Land. Es handelt sich vielmehr um eine turbokapitalistische Diktatur. Der Kommunismus wird hauptsächlich als Ausrede dafür verwendet, den Armen bestimmte Sachen nicht zu geben.

Wie bei der Schulbildung, wo es heißt: »Wir sind ein kommunistisches Land, das heißt, alle gehen auf die gleiche Schule!« Aber die Reichen schicken ihre Kinder dann doch auf diese *Hogwarts*-ähnlichen Privathäuser. Auch die Ein-Kind-Politik galt nur für die Mittel- und Unterschicht. Wohlhabendere Leute mussten sich weitere Kinder einfach kaufen. Das ging tatsächlich. Angeblich kostete jedes weitere Kind um die 20 000 Euro. Aber natürlich findet man auch hierzu – wie so oft – keine konkreten Angaben. Vor allem als Nicht-Chinese.

2015 erschienen eine ganze Reihe großer Artikel, die das Ende des chinesischen Wachstums prognostizierten.[8]

Im März 2016 berichtete *Spiegel Online*, dass Chinas Führung quasi über Nacht »angeblich fünf Millionen Arbeiter« entlassen hätte und damit »mit drastischen Maßnahmen gegen die Überproduktion in der Industrie« vorgehen würde. Dies sei der größte Job-Abbau seit fast zwanzig Jahren und entspräche mehr als 250 000 Stellen in Deutschland.[9]

Lebensmittelkrisen

Angeblich sind über dreißig Prozent der chinesischen Äcker so verschmutzt, dass man sie entweder nicht mehr bestellen kann oder eigentlich nicht mehr bestellen dürfte. Das Problem mit dem Smog wurde bereits angesprochen.[10] Kurz vor dem Weltklimagipfel Ende 2015 hat der chinesische Künstler Nut Brother hundert Tage lang die Luft in Peking mit einem Staubsauger gesaugt und allein damit einen Backstein hergestellt, um zu demonstrieren, wie verschmutzt sie ist.

Außerdem hat China ein großes Wasserproblem: Das Grundwasser von über neunzig Prozent aller chinesischen Städte gilt als vergiftet. Diese ökologischen Herausforderungen werden im chinesischen Alltag verdrängt mit dem Argument, man wolle erst einmal »fertig wachsen« und dann schauen, was passiert.

Schon jetzt ist China stark auf die Importe angewiesen. Vor allem wird versucht, Afrika als fruchtbares Land zu erschließen. Zum Zeitpunkt, zu dem dieses Buch gedruckt wird, geht jeder zweite Bauauftrag in Afrika an eine chinesische Firma. Da die chinesischen Lebensmittelpreise allerdings noch extrem niedrig sind, ist unklar, was innerhalb Chinas die Folge von schlechtem Handel oder einer schlechten Ernte wäre.

In Chinas Geschichte gab es etliche Lebensmittelkrisen. Während der Kulturrevolution machte Mao den sogenannten *Großen Sprung nach vorn*, wo er Kochtöpfe und Haushaltsgeräte einsammeln und zu Stahl verarbeiten ließ. Das führte zu einer der größten Hungerkatastrophen der Geschichte mit – nach westlichen Schätzungen – fast zwanzig Millionen Hungertoten.

(In *KulturSchock China*[11] wird der Zustand des Landes sehr drastisch und wie folgt beschrieben: »Unsere Nahrung war damals derart grob, dass wir alle an schwerer Verstopfung litten. Die Mütter mussten ihren Kindern den Stuhlgang sogar mit Stöckchen aus dem Darm holen. Und für uns Erwachsene war es ein ziemliches Problem, in den frostklirrenden Wintermonaten auf die Latrine zu gehen. Ich nahm stets einen langen, dicken Stock mit, um die verzweifelt hungrigen Schweine abzuwehren, die mir nachliefen und ungestüm versuchten, mir die frischen Exkremente direkt vom Körper wegzufressen. Die Tiere waren groß und wegen ihres großen Hungers gefährlich, darum hatte ich regelrecht Angst vor der täglichen Qual, mühsam zu drücken und dabei die gierigen Schweine abzuwehren.«)

Sozialkrise

Irgendwann werden die dreihundert Millionen Gastarbeiter – die es vor zwanzig Jahren noch nicht gab – in Rente gehen und zurück aufs Land ziehen, um ihre Sozialleistungen zu beanspruchen. Auch der Ausgang dieser Entwicklung ist höchst ungewiss und lässt sich schwer abschätzen. (Auch, weil viele Gastarbeiter schwarzarbeiten.) In China beginnt das Rentenalter mit 55. Bis vor wenigen Jahren hatten die Leute eine durchschnittliche Lebenserwartung von sechzig. Mittlerweile ist sie fast – wie bei uns – bei achtzig.

TÜV

In China gibt es durchaus einen TÜV. Allerdings wird seltener kontrolliert und dann auch nur Fahrzeuge mit Verbrennungsmotoren. Das heißt, diese ganzen kleinen Rikschas werden nicht kontrolliert. Der chinesische TÜV ist also ein bisschen so wie der Vatikan: Niemand weiß, was die da so den ganzen Tag machen. Aber es gibt ihn.

Parteistruktur

In jeder der 23 Provinzen gibt es einen Parteichef. Es gibt auch einen Gouverneur, aber de facto ist der Parteichef der jeweilige Boss. An zweiter Stelle steht seltsamerweise nicht der Gouverneur, sondern der *Executive Vice-Gouverneur*. Derart verschwurbelt sind sämtliche Systeme in China.

(Auch wegen der Parteistruktur bezeichnet der ehemalige US-Außenminister Henry Kissinger in dem – äußerst empfehlenswerten – Buch *Wird China das 21. Jahrhundert beherrschen?*[12]

das chinesische System als »hoffnungslos ineffizient«.) Allem voran das

Rechtssystem

Obwohl chinesisches Recht mittlerweile ein boomender Markt ist – gerade für Europäer – und obwohl alle Gerichtsverhandlungen theoretisch öffentlich geführt werden, gibt es in China keine Gesetze in unserem Sinn. Das liegt zum einen daran, dass die chinesische Sprache in vielen Fällen nicht so genau ist wie die – durch die philosophischen Schulen der Aufklärung geformten – westlichen Sprachen, vor allem aber ist es ein Problem der Willkür. Ähnlich wie in der ehemaligen DDR ist diese Willkür das Schlimmste am chinesischen Kommunismus. Es gibt zum Beispiel eine »Todesstrafe auf Bewährung«. Das heißt, man kommt ins Gefängnis, und dann entscheidet die Gefängnisleitung nach zwei Jahren, ob man hingerichtet wird oder lebenslänglich bekommt. Kuriositäten wie die »Todesstrafe auf Bewährung« machen es schwer, chinesisches Recht mit westlichem Recht zu vergleichen: Nicht jeder, der zum Tode verurteilt wird, wird auch wirklich hingerichtet. (Und wahrscheinlich werden deutlich mehr getötet, als zum Tode verurteilt.) Außerdem verschwinden in China regelmäßig Leute.

»Erst letztens«, erzählte mein Onkel mir, »verschwand der Bauplaner des größten Gebäudes der Welt, hier in Chengdu gleich um die Ecke. Die Bevölkerung hat das mitbekommen, weil auf einmal sein orangefarbener Lamborghini auf einer staatlichen Versteigerung aufgetaucht ist. Bis heute weiß niemand, wo der Bauplaner ist und weshalb er verschwand. Solche Dinge passieren hier ganz oft. Glaub mir: Gegen China war die DDR ein Kindergeburtstag.«

»Verschwinden hier auch Deutsche?«, fragte ich ihn dann, woraufhin er antwortete: »Nein. Zum Glück nicht.«

Taiwan

Das Verrückte an Taiwan ist: Taiwan ist »offiziell« gar kein Staat. (Offiziell in Anführungszeichen, weil in China nichts so wirklich offiziell ist.)

Es ist chinesischer Boden mit einer anderen Art von Chinesen. Die Taiwanesen sehen sich doch tatsächlich als »das eigentliche China« und bezeichnen sich selbst auch als »Republik China«, wohingegen China ja die *Volksrepublik China* ist.

Vor dem Zweiten Weltkrieg gab es taiwanesische Regionen auf dem Festland. Nach Kriegsende mussten sich die Taiwanesen auf die Insel zurückziehen. Zunächst war Taiwan die offizielle Vertretung Chinas in den Vereinten Nationen. (Das kann man sich heute kaum noch vorstellen.) Als Frankreich 1964 als erstes westliches Land anfing, Beziehungen zu China aufzubauen, kippte die Situation. Das Problem ist nämlich: Dadurch, dass sich China und Taiwan jeweils als das »eigentliche China« sehen, ist es – rein logistisch – nicht möglich, Beziehungen zu beiden Ländern gleichzeitig zu führen. Deshalb gibt es in Taiwan zum Beispiel keine deutsche Botschaft, sondern nur ein »deutsches Institut«. Taiwan befindet sich in einem außenpolitischen Vakuum.

Zuletzt gab es angeblich wieder Annäherungs- und Einigungsversuche zwischen China und Taiwan, die sich aber spätestens seit den – zum Zeitpunkt der Reise währenden – Demonstrationen in Hongkong zerschlagen haben.

Man sagt, die jüngeren Taiwanesen würden sich mit einer Staatsgründung Taiwans (ohne Anspruch auf das Festland) zufriedengeben, während die älteren strikt dagegen wären und erst ruhen wollten, wenn das Festland wieder komplett von der Insel aus regiert wird.

(In *KulturSchock China* steht: »Immerhin haben sich die beiden Chinas in den letzten Jahren einander angenähert. Taiwan-Chinesen besuchen ihre Verwandten auf dem Festland. Taiwanesische Investitionen kurbeln in den südchinesischen Wirtschaftssonderzonen die Entwicklung an. Chinesisch-chinesische Unternehmen florieren. Direktflüge zwischen Taipeh und Peking sind im Gespräch. Luxushotels extra für ›unsere Landsleute‹ aus Taiwan (und erheblich preiswerter als die gleichen für westliche Touristen) sprießen überall aus dem Boden. Taiwanesische Schlager sind ›in‹. Karaoke kam von Japan über Taiwan und Hongkong in die Großstädte der Volksrepublik.«)

Der Vollständigkeit halber muss jedoch erwähnt werden, dass sich dieses harmonisch-distanzierte Verhältnis nach dem Amtsantritt der Präsidentin Tsai Ying-wen im Januar 2016 voraussichtlich wieder verschlechtern wird. Ying-wen hat eine größere Distanz zu Peking angekündigt, woraufhin die chinesische Regierung im April 2016 45 Taiwaner auf kenianischem Boden festnehmen lies mit der Begründung, sie wären »Teil einer Bande«. China bedankte sich bei den kenianischen Behörden für deren Unterstützung des »Ein-China-Prinzips«, wohingegen die Aktion in Taiwan als »unverschämt und unzivilisiert« bezeichnet wurde. Parlamentsabgeordnete sprachen von »illegalem Kidnapping«.[13]

Das alles bedeutet: Ja, China ist im Umbruch. Hat aber auch seine Baustellen.

In *Wird China das 21. Jahrhundert beherrschen?* sagt der große Henry Kissinger: »Man könnte meinen, dass China demnächst die Weltherrschaft antritt, aber auch bei Japan hat das eine Zeit lang so ausgesehen. Japan war einmal die zweitstärkste Volkswirtschaft der Welt, und Sie erinnern sich wahrscheinlich noch daran, wie viele behaupteten, die Welt würde japanisch werden. Damals hieß es, wir würden bald alle Sushi essen. Okay, vermutlich essen wir tatsächlich alle Sushi, aber ansonsten war die Prognose falsch.« Im weiteren Verlauf des Buches, welches als eine abgedruckte Diskussion aus dem Jahr 2011 einen vielschichtigen wie aktuellen Beitrag zur Debatte liefert, vertritt Kissinger die Ansicht, dass China wohl ein wichtiger Akteur des 21. Jahrhunderts werden, aber dieses nicht beherrschen würde und die »Gelbe Gefahr« demnach ein Mythos sei. Als Gründe nennt er zum Beispiel die riesigen innenpolitischen Aufgaben – von denen ich nun einige beschrieb –, die unklare politische Zukunft, die angespannte außenpolitische Situation mit den Nachbarländern, den Mangel an renommierten Universitäten und dass China popkulturell, wenn überhaupt eine untergeordnete Rolle spiele. Er vergleicht China mit Großmächten wie Japan, der Sowjetunion oder Indien, bei denen es eine Zeit lang auch so aussah, als würden sie unser aller Zukunft bestimmen, die dann aber geopolitisch nur noch eine untergeordnete Rolle spielten. Kissinger wird entgegnet, dass innenpolitische Spannungen – gerade bei den USA – oft zu außenpolitischen Machtdemonstrationen führten, dass man popkulturell keine Rolle spielen müsse, um geopolitisch Einfluss zu nehmen – wie man 2015 am Beispiel Russlands und des arabischen Raumes sah – und dass selbstverständlich auch die USA und Europa vor schier unüberwindbaren innenpolitischen Aufgaben stünden.

Mit Großmächten verhält es sich wohl wie mit einzelnen Menschen: Jeder hat sein Päckchen zu tragen. Und manch einer eine ganze UPS-Station.

Anmerkungen

[1] siehe das Kapitel »Uns sind die Sterne egal«

[2] siehe »Umworben und gefürchtet«, den Artikel der *Süddeutschen Zeitung* vom 3. November 2014

[3] erschienen am 8. März 2015, Autorin: Christine Adelhardt, verfügbar in der ARD-Mediathek

[4] siehe auch »Mach mich gesund, oder ich bringe dich um«, den Artikel der *FAZ* vom 24. Juni 2014

[5] erschienen am 24. November 2013, verfügbar in der ARD-Mediathek

[6] siehe auch »Währungskrieg – Hedgefonds rüsten zum Angriff auf den Yuan«, den *Spiegel-Online*-Arikel vom 1. Februar 2016

[7] Jo Schwarz, *Conbook Medien*, Meerbusch, 1. Auflage, 2014, ISBN 978-3-943176-90-2, S. 239 f.

[8] Zum Beispiel titelte der *Focus* im August 2015 »Wie krank ist China?« und stellte fest, dass »dem Drachen« die Puste ausginge.

[9] siehe auch »Zombie-Fabriken – China entlässt angeblich fünf Millionen Arbeiter«, den *Spiegel-Online*-Arikel vom 1. März 2016

[10] siehe das Kapitel »Pech gehabt«

[11] Hanne Chen, *Reise Know-How KulturSchock VR China / Taiwan* (vollständiger Titel), Verlag Rump, Bielefeld, 6. Auflage, 2004, ISBN 3-8317-1075-9, S. 50, S. 72, S. 200

[12] Henry Kissinger, Fareed Zakaria, Niall Ferguson, David Da-okui Li, *Pantheon Verlag*, München, Deutsche Übersetzung, 1. Auflage, ISBN 978-3-570-55188-2, S. 24

[13] siehe auch »Grenzenlos«, den Artikel der *SZ* vom 15. April 2016